AF313796

ORAISON FVNEBRE,

A LA MEMOIRE
DE FEV MESSIRE
VINCENT DE PAVL,
INSTITVTEVR,
FONDATEVR,
ET SVPERIEVR GENERAL
DES PRESTRES DE LA MISSION.

Prononcée le 23. Novembre 1660. dans
l'Eglise de S. Germain l'Auxerrois ;

Par Monseigneur l'Illustriſſime & Reverendiſſime Eveſ-
que & seul Seigneur du Puy, & Comte de Vellay,
HENRY DE MAVPAS DV TOVR.

A PARIS,
Chez GASPAR METVRAS, ruë Saint Iacques, à la Trinité.

IACQVES LANGLOIS, Imp. ord. du Roy, au Mont Sainte
Geneviéve ; & en sa boutique dans la grand' Salle du Palais,
à la Reyne de Paix.
ET
EMM. LANGLOIS, ruë S. Iacques, à la Reyne du Clergé.

M. DC. LXI.
AVEC PRIVILEGE DV ROY.

A SON
EMINENCE.

ONSEIGNEVR,

Vn ancien diſoit que la plus ſouveraine auto-
rité des grands de la terre, pouvoit jetter de la crainte pour vn temps, dans quelques eſprits timides ;
mais que dans le ſiecle ſuivant, leur puiſſance ne
pourroit plus eſteindre la liberté des langues , ny
des plumes, qui troubleroient leurs cendres avec im-
punité, pour étaler dans le public la cenſure de leur
vie, & les reproches de leur fortune.

ã ij

EPISTRE.

Et moy je dis, Monseigneur, *que les esprits plus raisonables auront quelque sujet de croire que le Ciel vous a élevé dans ce haut étage de credit & de gloire, afin de forcer la jalousie des grands, la passion des peuples, & l'inconstance des siecles, à fixer un respect solide & constant pour honorer vôtre nom ; puis qu'ayant menagé la Paix par la prudence & par la force de vos genereux conseils, vous avez fait en mesme temps que l'envie l'a cedé au merite de vostre conduite ; & que les juges les plus severes, vous regarderont desormais comme le plus illustre arbitre de la felicité publique ; qui avez sacrifié vos propres interests, & qui n'avez peû estre vaincu que par vous-mesme, pour faire cesser la guerre, afin d'établir le repos des Nations, & le bon-heur de l'Univers.*

On sçait, Monseigneur, *que Vostre Eminence entrant dans le Ministere a trouvé la guerre allumée ; & que parmy le bruit des armes & les grandes agitations de l'Etat, vous avez si heureusement élevé nostre grand Monarque, que vous avez tiré sa Couronne autant que sa personne, de la minorité ; & avez marqué les progrez de son aage, par ceux de ses victoires.* On *sçait que le feu Roy* LOVIS LE IVSTE,

EPISTRE.

*de tres-glorieuse memoire , & son grand Ministre,
le grand* Cardinal de Richelieu *; ont tellement
estimé vostre puissant genie , & les rares talens de
V E. qu'ils vous ont jugé digne de vous rendre
depositaire de tous les plus pretieux interests de nostre Monarchie. On a veu croître le plus beau de
nos lys , entre vos mains , dans la blancheur d'vne
innocence si pure, que sa Religion a suivy nos vœux
& surpassé nos esperances. Vous avez ,* Monseigneur *, menagé ses Lauriers , entre le bruit de ses
conquestes , & les Oliviers de la Paix : vous en
aviez donné de glorieux presages , dans cette fa-
meuse journée de Cazal , lors qu'en exposant vostre vie, vous empechâtes deux puissantes armées
de donner la bataille : Et l'on peut dire que V. E.
ne s'est point écartée de cette genereuse conduite ,
quand elle a espargné le sang de ceux qui vouloient
estre prodigues de sa gloire.*

Vous avez fait quelque chose de plus , Monseigneur *, quand vous avez honoré de vos faveurs , ceux mesme qu'vne vertu moins heroïque
que la vostre , n'auroit peû regarder que comme les
objets d'vne juste colere. Et pour porter le dernier
effort d'un parfait courage , jusques au souverain
periode de la magnanimité ; vous avez pris à tâche*

ã iij

*de payer les injures avec des careſſes ; en ſorte que
les ennemis que vous avez peù vaincre par la force , ont eſté contraints de rendre les armes, aux
ſentimens de la gratitude , qu'ils devoient à vos
bien-faits.*

Mais apres tout, Monſeigneur. *V. E. a fait
connoître, qu'en procurant la Paix à toute l'Europe, vous pouviez encor' faire d'vn ſeul coup quelque choſe de plus grand, en vous rendant le bien-
faicteur vniverſel des peuples, & des plus belles
Couronnes du monde.* Voila, Monſeigneur, *ce
que la voix publique admire dans la conduite de
V. E. Et moy, qui par les loix de ma profeſſion,
dois regarder celles de l'Evangile, pour bien me-
ſurer mes reſpects, & qui condamne la loüange,
ſi elle n'eſt conform eàl'eſprit de l'Egliſe, je veux
donner ma veneration juſqu'à des actions de V.
E. qui ſemblent bien plus baſſes & bien plus ca-
chées. Ie conſidere V. E. dans le Conſeil du Roy,
qui obſerve les pratiques de vertu de feu Monſieur Vincent, Superieur General de la Miſſion ;
& qui les fait remarquer aux autres: Qu'itémoi-
gne apres la mort de ce grand homme, qu'elle veut
proteger les ſuiets de ſa Congregation ; qu'elle eſtime les emplois de ces bons Preſtres ; & qu'elle a crû*

que les prieres de ce grand Serviteur de Dieu, n'a-
voient point esté inutiles pour la Paix, & pour le
Mariage du Roy.

Ie me souviens encor, Monseigneur, qu'vn
iour que j'avois l'honneur d'estre deputé des Evesques, pour parler à V. E. d'vne affaire tres-impor-
tante à la Religion, vous me dites de si bonne grace,
que vous donneriez vostre sang de bon cœur pour
le service de l'Eglise. Apres cela, Monseigneur,
cette Oraison Funebre se presente d'elle-mesme à
V. E. dans laquelle peut-estre que j'auray mieux
expliqué mes pensées : elles sont innocentes, n'estant
point mercenaires ; si ce n'est que ie pretens la pro-
tection que V. E. doit à mon Dioceze & qu'elle
m'a promis, & à quatorze de nos grands Prelats,
lesquels en corps de Deputation, la Cour estant à
Fontainebleau, luy ont recommandé mes droicts,
comme inseparables des obligations de nostre commun Caractere. Il est vray, Monseigneur,
que V. E. m'a fait la grace de m'offrir autresfois
quelques autres Benefices, & que je luy ay la mesme obligation que si je les avois accepté ; & depuis
ce temps-là, j'ay achevé de perdre mes neveux dans
les armées, pour le service du Roy, en sorte qu'il
ne m'en reste plus ; si bien que ma famille en est

presque esteinte: mais aussi, Monseigneur, mon
sort qui est l'effet d'vne particuliere providence de
Dieu, m'ayant reduit à ce point, que j'ay moins
d'interests que jamais ; je tireray cet avantage de
mes disgraces, que le public donnera plus de creance
à mes discours, quand je parleray des respects que
l'on doit à vos grandes actions, & que ie paroîtray
plus fidel & plus libre, en vous asseurant de la
passion que i'ay d'estre toute ma vie,

MONSEIGNEVR,

De V. E.

Le tres-humble & tres-obeïssant
Serviteur, HENRY, E. du Puy.

ORAISON FVNEBRE
A LA MEMOIRE
DE FEV MESSIRE
VINCENT DE PAVL,
INSTITVTEVR,
FONDATEVR,
ET SVPERIEVR GENERAL
DES PRESTRES DE LA MISSION.

Prononcée le 23. Nouembre 1660. dans l'Eglise de S. Germain l'Auxerrois, par Monseigneur l'Illustriffime & Reuerendiffime Euesque & Comte de Vellay, & seul Seigneur du Puy, HENRY DE MAVPAS DV TOVR.

Cujus laus eft in Euangelio per omnes Ecclefias. C'eft celuy de qui la loüange eft eftablie dans l'Euangile par toutes les Eglifes. S. Paul 2. Cor. c. 8.

A loüange que nous rendons à la memoire des Iuftes, eft vn hommage innocent, & vn tribut bien legitime; puifqu'il eft vray que la loüange des Iuftes fait partie de la gloire que nous devons à Dieu. Les

A

ames venales & mercenaires, qui ſans pudeur &
ſans repentance ont proſtitué la conſcience aux
ſaillies de la volupté, ou bien aux intereſts de la
fo rtune & de l'ambition, ne meritent qu'vn mépris eternel : parce qu'ils ont tari la ſource de la
loüange dans ſon principe, en faiſant outrage à
l'eſprit de la grace, qui en eſt le fondement ſolide
& la premiere ſemence. Comme au contraire, les
ames genereuſes, qui ont renoncé à ce trafic per-
vers, qui fait commerce de l'eternité pour le
temps, *qui cæleſtibus terrena mercantur*, dit ſaint
Bernard, & qui n'ont recherché que la gloire de
la grace pour parler aux termes de l'Eſcriture, elles ont merité la veritable loüange ; parce que leur
morale & leur politique n'ont point reconnu d'autres loix que celles de l'Evangile, ny d'autre ap-
puy que celuy de la grace. Et dautant que la grace, au langage du premier des Apoſtres, rend
les ames qui ſont fidelles à ſes attraits, participan-
tes de l'eſſence Divine, *Divinæ conſortes naturæ*,
dit ſaint Pierre ; de là vient que ces ames choi-
ſies participent aux loüanges de Dieu, & que
leur gloire fait partie de celle que nous devons.
à Dieu. *Tunc laus erit vnicuique à Deo.*

2. Cor. 4.

C'eſt icy, Meſſieurs, où ſans differer davantage, d'abord je dois expoſer à vos yeux l'image vi-
vante du grand Vincent de Pavl, & vous dire
hardiment avec vne liberté d'eſprit toute entiere,
que la loüange eſt deuë au recit de ſes rares vertus ; puis qu'on peut dire de ſa tres-ſainte vie &

de fa tres-heureufe mort, que la grace en a fait le plan, & l'Evangile en a fait la couronne.

Cujus laus eft in Evangelio per omnes Ecclefias. La loüange qui ne doit eftre qu'vn illuftre falaire des belles actions, fe corrompt neantmoins trop fouvent, & dans la bouche de celuy qui la prononce, & dans l'oreille de celuy qui l'écoute.

La foibleffe ou l'intereft, la crainte ou l'efperance de celuy qui parle ; la jaloufie ou l'envie de celuy qui prefte l'attention, font bien fouvent que la loüange qui doit eftre écoutée fur la terre comme la voix du Ciel, degenere neantmoins en des fons irreguliers ; fi bien que l'armonie qui doit refulter du concert de toutes les vertus, n'eft plus qu'vn faux ton , que l'organe de l'impofture , & l'Echo de l'enuie.

Icy, Meffieurs, il n'en eft pas de mefme : Si je donne des loüanges à la memoire du grand VINCENT DE PAVL , ie n'en puis affez dire pour arriuer à l'eftime que l'impreffion de fes vertus a fait naître dans vos efprits ; & fi peu que j'en dife, j'en diray trop, fi je confulte les fentimens de la profonde humilité de ce grand homme , & du parfait mépris qu'il a fait de foy-mefme durant tout le cours de fa vie. *Son humilité.*

Vn Ancien ne pût cacher fa vanité, quand il avoüa que de tous les fons de la mufique, il n'en connoiffoit point qui luy fut plus agreable que celuy qui chantoit fes loüanges : VINCENT DE PAVL , Meffieurs , n'auoit pas des penfées

ſi profanes ; on peut dire tout au contraire de ſa
modeſtie, que celuy qui diſoit quelque choſe à
ſon avantage , mettoit ſon ame à la torture , &
faiſoit ſouffrir le plus cruel de tous les ſupplices
à ſon humilité. *Qui me laudat , me flagellat.* L'hor-
reur qu'il avoit de ſes propres loüanges, eſt quelque choſe ſans doute difficile à comprendre, &
je puis dire, à la face des SS. Autels , en repaſſant
dans ma memoire ce que j'ay veu dans ſa con-
verſation durant le cours de tant d'années que je
l'ay pratiqué, qu'il me ſemble que c'eſt avoir trouvé vne explication litterale & admirable des ſacrez devoirs de l'humilité du Chriſtianiſme, que
d'avoir étudié le geſte, la parole, le logement,
la nourriture, l'habit & tout le reſte de l'equipa-
ge du grand Vincent de Pavl , qui ſe nom-
moit vn gueux , que j'eſtimois vn Saint , & que
vous avez ſi ſouvent admiré, Meſſieurs, comme
vn exemplaire achevé d'vne parfaite humilité.

Cujus laus eſt in Evangelio per omnes Eccleſias.
On donne des loüanges à des perſonnes dont le
ſouvenir eſt execrable , & dont la voix publique
commence de châtier la memoire auſſi-toſt apres
leur mort, par le reproche des crimes , dont ils
ont flétri leur vie; cependant que dans vne autre
vie d'vne plus longue durée, leur ame reprouvée
en ſouffre les ſupplices : *Laudantur vbi non ſunt,
cruciantur vbi ſunt. On loüe ces criminels ſur la terre,
où ils ne ſont plus , & ils brûlent où ils ſont.* Icy
tout au contraire ; nos loüanges ſont foibles pour

des vertus heroïques, que le Ciel & la voix publique ont couronné de Gloire.

On donne des loüanges aux enfans du fiecle, à ces grands de la terre, plus grands quelquefois par l'enormité de leurs vices, que par l'éclat
de leur fortune & de leur dignité: On cherche des
pretextes apparens d'vne vertu imaginaire pour
déguifer les débauches ou les concuffions d'vne
vie roturiere & fouvent fcandaleufe: On flate les
paffions les plus honteufes, on couvre fous les
voiles de l'impofture & de la flatterie des veritez
fâcheufes dignes de la haine des peuples: On veut
des Harangues Funebres pour des fourberies infideles, que la plus grande indulgence des Loix
ne fçauroit punir qu'avec feverité: On fait violence aux regles du blafon; on fauffe les fourreures,
les metaux, les émaux, les ourles, les lambels
& les brifures: On force les loix de la fcien-
ce heroïque; on fait des lignes obliques dans les
genealogies; on emprunte des quartiers eftran-
gers des plus illuftres familles; on fait couler le
fang des Roys à tort & fans caufe dans des veines
obfcures, dans des races qui ont merité plus d'vne
fois les châtimens des premiers tribunaux de la
Iuftice, & les difgraces de nos plus grands Mo-
narques & de nos Souverains, pour s'eftre voulu
élever de la pouffiere au dépens des larmes des
pupils, & par vne profufion cruelle du fang des
miferables: On fouïlle dans les myfteres fabuleux
de la mitologie, pour donner quelque luftre à

des noms fauuages, qui n'en peuvent avoir dû
cofté de la vertu dont ils ont efté les ennemis he-
reditaires & les perfecuteurs : on fait vn mélange
confus de l'hiftoire avec la fable , pour compo-
fer les ornemens frauduleux, les fauffes parures,
ou pour mieux dire, pour forger les mafques d'v-
ne nobleffe farouche , qui fe trouve en mefme
temps engagée dans l'obligation d'vne double
reftitution , & de la loüange dont ils font indi-
gnes, & de la fubftance des vefves dont ils font
engraiffez. Soûpirons , Meffieurs, pour ces creatures infortunées, & difons en gemiffant avec le
Prophete Ifaye 5. 18. *Væ qui trahitis iniquitatem in*
funiculis vanitatis. Malheur à ceux qui s'attirent
l'iniquité par les liens de la vanité. Mais quoy ! l'or-
gueil & l'avarice font deux confeillers infideles &
fanguinaires, qui leur infpirent en mefme temps
& le mépris de l'humilité, & le carnage des pauvres. Cependant que tout au contraire, Vincent
de Pavl fait gloire de fa baffeffe , & de fe rendre
gueux pour enrichir les pauvres.

Venez, efprits fuperbes, qui n'ayant rien de
loüable en vous, faites trop de vanité d'vne gloire étrangere ; apprenez d'vn Poëte Latin , puis
que vous cherchez dans la fable les menfonges
de voftre nobleffe,

Et genus & proauos, & quæ non fecimus ipfi,
Vix ea noftra voco.

Ou pour mieux dire, apprenez de la doctrine
du grand S. Ambroife, & de la morale du grand

VINCENT DE PAVL ; *Probati viri genus, virtutis* *lib. de Noë*
profapia eſt. La vraye nobleſſe eſt celle qui tire ſa ge- *& Arca.*
nealogie de la pratique des plus excellentes vertus. VIN- *c. 4.*
CENT DE PAVL eſt d'vne baſſe naiſſance; mais d'vne
vertu eminente : & ce qui eſt admirable dans la
pratique de ſon humilité , c'eſt qu'il cache de
tout ſon pouvoir l'eminence de ſa vertu, & il pro-
duit aux yeux de tout le monde l'obſcurité de ſa
naiſſance.

Nous honorons les cendres & la memoire
d'vne bergere , d'vne Geneviéve qui gardoit les
troupeaux aux portes de Nanterre : nous honorons le fer de la charruë d'vn Iſidore, d'vn laboureur d'Eſpagne : nous avons veu ces jours paſſez
des ſolemnitez extraordinaires pour honnorer
vne partie des oſſemens d'vn Iean de Dieu, qui pa-
roiſſoit aux yeux des hommes comme vn objet de
mépris ; mais je ne ſçay pas ſi ces grandes ames
ont plus recherché le mépris que VINCENT DE
PAVL, qui recherchoit avec tant de ſoin de paſſer
dans le monde pour le dernier des hommes.

Moïſe ce grand Legiſlateur du peuple de Dieu,
oſte ſa chauſure & marche ſur la montagne, à pieds
nuds ; il fait paroître cette partie la plus baſſe &
qui touche la terre ; & en meſme temps il ſe couvre
d'vn voile , & cache ſa face toute brillante par l'é-
clat des lumieres qui ſortent de ſon viſage.

Voila l'image, Meſſieurs, de la rare humilité
de VINCENT DE PAVL : il a la face toute rayon-
nante & toute inveſtie de lumiere comme vn au-

tre Moïse, & c'eſt le ſeul qui ne voit goute dans le beau iour de ſes eminentes vertus. *Ignorabat quod cornuta eſſet facies ſua ex conſortio ſermonis Domini*, dit le Texte ſacré, *radijs coruſcans*, dit le docte Liranus, Moïſe oſte ſes ſouliers, il montre ſes pieds à nud pour approcher la montagne, & il couvre d'vn voile les rayons de ſa face. VINCENT met à découvert l'obſcurité de ſa naiſſance, il fait voir, pour ainſi dire, la craſſe de ſes pieds, il veut que tout le monde ſçache qu'il eſt fils d'vn laboureur, qu'il a gardé les troupeaux comme vn autre Moïſe ; mais quand il eſt queſtion de le conſiderer comme vn Legiſlateur choiſi de la main de Dieu pour la conduite de ſon peuple ; ah! c'eſt pour lors qu'il couvre ſa face, qu'il ſe cache de honte, & veut eſtre inconnu : & neantmoins, Meſſieurs, il faut vous le dire avec liberté, & ſans aucune chaleur de diſcours, c'eſt VINCENT DE PAVL que la main de Dieu a choiſi pour porter à ſon peuple les tables de la Loy, c'eſt luy qui par ſon zele admirable, & par celuy de ſes dignes enfans, a ſanctifié des millions d'ames dans les Miſſions ; Qui a procuré les ſecours ſpirituels & temporels à des provinces entieres, ruïnées par les malheurs de la guerre ; Qui a retiré des millions de creatures des portes de la mort ; Qui a ſauvé du dernier naufrage des ames infortunées, leſquelles par vne funeſte alliance & preſque neceſſaire, avoient joint à vne profonde ignorance de nos ſacrez

myſteres,

Exod.34.

myfteres, & des veritez Chrétiennes neceffaires
au falut , vne proftitution honteufe au crime &
au libertinage, & qui fembloient en vn mot ne
devoir jamais connoître Dieu, que par la rigueur
de fes vangeances , & dans l'eternité des fuppli-
ces. Oüy, Meffieurs, il faut vous le dire ; c'eft luy-
méme, c'eft ce VINCENT DE PAVL qui a prefque
changé la face de l'Eglife par les Conferences ,
par les inftručtions , par tant de Seminaires, dont
il a procuré les établiffemens ; C'eft luy qui a réta-
bly la gloire du Clergé dans fa premiere fplen-
deur , par les exercices des Ordinands , par les
Retraites fpirituelles, par l'ouverture de fon cœur
& de fa maifon , lors qu'il a tendu les bras à
tous venans , pour embraffer amoureufement
tous ceux qui vouloient profiter dans cette fainte école de la veritable difcipline Ecclefiaftique:
C'eft luy qui a retiré du déreglement tant de
Miniftres des Autels , qui fans confulter les regles d'vne vocation legitime, s'eftoient engagez
temerairement dans les fončtions redoutables de
ces facrez Minifteres , par des motifs profanes
d'vn intereft fordide : c'eft luy qui a formé de
fi grands fujets , pour remplir plufieurs de nos
Diocefes de Vicaires Generaux , d'Officiaux, de
Vicegerans , de Promoteurs ; & qui mefme a
fourny de fi grands Prelats à la France : C'eft luy
qui a feruy d'inftrument & d'organe à tous les
plus grands deffeins , & aux plus importantes affaires , & pour la gloire de Dieu , & pour l'a-

B

vantage de la Religion , & pour le bon-heur de
l'Eſtat. Et neantmoins apres tant de couronnes de
gloire que l'on doit poſer ſur la teſte de ce
grand homme , le voir tout caché ſous les voiles de ſon humilité, tout obſcurci ſous les plus
ſombres nuits des plus profonds abiſmes , tout
plongé dans la veuë de ſon neant ; tout ardant
d'vn deſir extréme d'eſtre traité comme l'objet
du dernier mépris. C'eſt cette humilité conſommée, Meſſieurs, qui merite la loüange des hommes , & l'eſtime des Anges.

Cuius laus eſt in Evangelio per omnes Eccleſias.
Vous ne pouvez ſouffrir, Meſſieurs, ces petits eſprits inſolens, qui ſont tellement bouffis de vanité par les progrés de leur fortune , qu'il ſemble
qu'on doit écouter toutes leurs paroles comme
des oracles ; que la plus foible de leurs actions
doit avoir des panegyriques ; & que chacune de
leurs démarches les doit élever ſur la teſte des
hommes : Mais quel remede plus ſalutaire aux
faillies de leur ambition, que de prendre & d'expoſer à leurs yeux vn peu de pouſſiere dont ils
ſont extraits ; ou de celle de leur ſepulchre , ou
la caducité des choſes mortelles fera bien-toſt la
diſſolution de leurs corps, & les reduira dans la
terre de leur premiere origine : Il ne faut qu'vn
peu de pouſſiere, diſoit le Poëte latin, pour étein-
dre la chaleur des combats des mouches à miel ,
& pour r'amener ces legions volantes dans leur
quartier d'hyver, lors qu'enyvrées par le ſuc des

fleurs elles s'écartent de la ruche ; ou bien lors
qu'estant charmées par les douceurs du Prin-
temps, elles prennent l'essor dans ces agreables
journées, qui composent les plus belles saisons.
Hi motus animorum atque hæc certamina tanta,
Pulveris exigui iactu, commota quiescunt.

Voila les restes chetifs de la vanité des humains.
Mais voicy les beaux restes de l'humilité du grand
VINCENT DE PAVL: dites-luy si sa modestie
le peut souffrir, que toutes les fleurs des plus
beaux parterres n'ont pa s tant de varietez, ny tant
de beautez que celles de ses vertus ; Que la plus
vertueuse, aussi bien que la plus grande Reyne
du monde est dans l'admiration de ses rares talens de grace & de sainteté : Que les plus grands
hommes & dans l'Eglise & dans la Cour, & dans
les Conseils de nos Roys admirent sa vertu. Que le
Louvre & le Palais sont d'accord qu'il a fait des
biens infinis & dans Paris, & dans tout le Royaume,
& dans toute l'Eglise de Dieu : Que tout le monde
est échauffé par les saintes ardeurs de sa charité;
rien de tout cela ne peut ébranler la constance de
son humilité. Dites-luy si vous voulez qu'il faut
passer les Mers, & les limites du Christianisme,
pour suivre les saillies de son zele; Qu'il faut
creuser les prisons & les plus noirs cachots; Qu'il
faut fouiller dans tous les hospitaux ; Qu'il faut
jetter les fondemens du grand Hospital General;
Qu'il faut sonder toutes les playes des malades;
Qu'il faut tâcher d'essuyer les larmes de tous les

affligez ; Qu'il faut couvrir la nudité de tous les
indigens ; Qu'il faut que tous les jours, cinq mille, ſix mille, & ſept mille perſonnes languiſſan-
tes & bien davantage, ſelon le calcul fidel qu'v-
ne perſonne digne de foy en a fait aſſez exacte-
ment, ſoient aſſiſtez par les Confrairies de la Charité dont il eſt l'Inſtituteur, par les Sœurs & par les
Dames de la Charité, dont il eſt auſſi l'Inſtituteur,
& dans le Royaume, & dans la Savoye, dans le
Piedmont, ſi vous voulez, & dans l'Italie, & dans
la Pologne & autres lieux auſſi éloignez, & tout
, cela par les mouvemens de ſon amour & de ſa
charité : Dites luy qu'il faut deſcendre dans les
galeres ; Qu'il faut eſtre à la cadene pour appren-
dre la compaſſion que l'on doit avoir de ces pauvres forçats ; Qu'il faut eſtre à la chaîne pour bri-
ſer leurs fers ; Qu'il faut eſtre eſclaue pour ménager la liberté des captifs ; Qu'il faut eſſuyer la
cruauté d'vn Comite, & fléchir ſous ſon empire;
Qu'il faut eſtre valet d'vn Empiric, d'vn Turc,
d'vn Renegat, pour ménager le ſalut d'vne ame:
Dites luy qu'il faut aller dans Tunis & dans Al-
ger au milieu de la Barbarie pour ſuivre les
tranſports de ſon zele; Qu'il faut paſſer dans les
Iſles de Madagaſcar; Qu'il faut que les Miſſions du
Canada, du Iapon, de la Chine, de la Cochin-
chine, de Laos, du Tunquin, où les Peres de la
Compagnie de IESVS ont travaillé ſi ſaintement
& ſi vtilement, reſſentent encor en partie les
effets de ſes ſoins charitables, & les impreſſions

de son zele: Dites luy qu'il faut qu'il expose vn
bon nombre des principaux sujets de sa Congregation, à la fureur ou à la perfidie des Idola-
tres ; à la peste, au service des malades, infectez
de la contagion, à mille autres dangers de la
mort : Dites-luy, qu'il faut étendre les conquê-
tes de l'Evangile , & planter les trophées de la
Foy, dans des pays perdus, dans des contrées
presque inconnuës, où le Paganisme a fait tant
de ravages. Et puis adjoûtez encor vne fois, que
rien ne sçauroit ébranler la constance de son humilité. Apres cela, Messieurs, permettez-moy
de vous dire deux choses.

La premiere, Que tout cecy n'est qu'vn foible échantillon , & vne legere montre , d'vn
fonds de vertus qu'on ne peut épuiser. Que le
courage de VINCENT DE PAVL est à l'épreuve
de toutes les craintes , & au dessus de toutes les
esperances; Que tout ce que la flaterie de la Cour
a de plus caressant , tout ce que la complaisance
des grands de la terre a de plus charmant , &
tout ce que la passion la plus emportée des
Puissans du siecle a de plus violent. Tout cela
mis ensemble , est incapable de donner la moindre secousse au cœur genereux de VINCENT
DE PAVL. Tout cela ne sçauroit ébranler tant
soit peu la constance de son humilité.

En vn mot; tout ce que les respects humains
ont de plus doux, de plus agreable , & de plus
innocent, pour les promesses d'vne prosperité

certaine, de laquelle on pretend mesme relever les avantages par les interefts de la gloire de Dieu : & tout ce que les mefmes refpects humains ont de plus terrible pour établir les menaces d'vne ruïne entiere des biens, de l'honneur de la fortune & de la vie, & mefme avec vn dommage évident de fa Congregation, & des interefts de la gloire de Dieu. Tout cela mis enfemble, n'eft pas capable de donner la moindre atteinte à la conftance de cette grande Ame plus ferme qu'vn rocher, au milieu des vagues de la mer : *Luc 6. 48.* parce que, *Fundatus erat fupra firmam petram. Il a fondé fa confiance fur la fermeté de la pierre. 1. Cor. 10. Petra autem erat Chriftus.* C'eft vn rocher qui fe joüe de la colere des vents, & du mépris des flots : de qui nous pouvons dire ce que faint Chryfo-ftome difoit des Apoftres, *Pulfata fluctibus rupe, firmius conftiterunt.* C'eft vn homme qui ne veut aucun autre foûtien pour fa perfonne, pour les fiens, pour fa conduite, & pour celle de tous ces grands deffeins que la Providence de Dieu luy avoit confiée, finon les pures maximes de l'E-vangile, incapable de gauchir ny de biaifer tant foit peu, non pas pour vne Couronne, ny pour vn Empire.

Tout le monde fçait le profond refpect qu'il avoit pour les Evefques, dans vn temps où les Mitres facrées ont efté traitées trop fouvent avec bien du mépris. Vn jour parlant à vn Evé-que, il luy dit ces paroles ; *Monfeigneur, jamais les maximes de l'Evangile ne posent à faux.*

Apres cela, Messieurs, jugez si nous n'avons pas sujet de dire ; *Cujus laus est in Evangelio,* quand nous parlons d'vn homme incomparable, tout vuide des maximes du siecle, & tout remply de celles de l'Evangile?

Vn jour qu'vn des Grands du Royaume demandoit vn Benefice à la Cour pour quelqu'vn des siens, & sçachant que Monsieur V I N C E N T estant dans le Conseil, avoit fait resistance à sa pretention, il luy fit ce reproche : *Hé quoy ! Monsieur* V I N C E N T, *c'est donc vous qui me resistez ?* Voicy la réponse que Monsieur V I N C E N T luy fist avec vne parfaite douceur, & vne fermeté nompareille. *Monseigneur, je sçay le respect que ie vous dois ; mais par la grace de Dieu, vous n'avez aucun pouvoir sur ma conscience.* C'est avoir trouvé le juste temperament, entre la douceur de l'humilité & la fermeté d'vne constance, qui ne fléchit jamais sous les respects humains : car si l'humilité n'est accompagnée de la force, elle n'a rien que l'apparence de la vertu, & n'en a plus l'effet.

I'ay appris de bonne part, qu'on s'est estonné de l'heureux succez des plus grandes affaires qu'il manioit bien souvent par des voyes toutes contraires aux conduites ordinaires de la prudence humaine ; c'est parce qu'il travailloit avec étude à se dépouiller de l'esprit humain, à ne rechercher que les mouvemens de l'esprit

de Dieu ; & Dieu qui s'approche de ceux qui le
cherchent , le rempliſſoit des lumieres de ſa ſa-
geſſe, & luy donnoit des évenemens favorables,
dans les plus fâcheuſes conjonctures des affaires
les plus difficiles , où la prudence des eſprits les
plus éclairez ſembloit évanoüie. *Qui confidunt in
Domino ſicut mons Sion , non commovebitur in æ-
ternum qui habitat in Ieruſalem.* Pſ. 124. Tout au
contraire , la politique des Sages eſt confonduë,
lors qu'ils s'écartent dans des intrigues , enne-
mies de la ſincerité du Chriſtianiſme , *Declinan-
tes in obligationes,* τραγαλίας *dit le Grec , adducet
Dominus cum operantibus iniquitatem. La Iuſtice
de Dieu les punira avec les ouvriers de l'iniquité, &
toſt ou tard détruira leurs artifices & leurs déguiſe-
mens.*

La ſeconde choſe que j'avois à vous remarquer, Meſſieurs, c'eſt que VINCENT DE PAVL eſt
tout ſeul aveugle dans le grand jour de ſes heroïques vertus , & que tant plus vous élevez ſa
gloire juſques dedans le Ciel, tant plus il ſe ra-
baiſſe dans la pouſſiere de ſon neant , & ne
voit que la terre.

N'avez-vous jamais admiré , Meſſieurs , la modeſtie du Patriarche Ioſeph & de ſes freres? Il eſt
deſtiné pour eſtre élevé ſur le thrône des Pha-
raons , & il ordonne à ſes freres de dire qu'ils
gardoient les troupeaux : c'eſtoit vn employ que
les Egyptiens conſideroient non ſeulement avec
mépris , mais encore avec execration , témoin

ces paroles de la Geneſe, *Deteſtantur Ægyptij* c. 46. 34.
omnes paſtores ovium. Et que ne dites-vous que
vous eſtes les Néveux d'Abraham ? que vous
eſtes décendu du ſang des Heros ? Que vous
eſtes de ces races illuſtres, qui ont eſté ſi ſouvent honorées des benedictions de Dieu, qui
avez receu les promeſſes de l'heritage, comme
les enfans du Tres-Haut ? Tout au contraire
vous cherchez le mépris : *Quod ſcilicet hominibus* lib. 9. in
non ſolum non placere, ſed etiam diſplicere quæſie- Geneſim.
runt, dit Rupert.　　　　　　　　　　　　　c. 18.

De meſme, parlez à VINCENT DE PAVL
de toutes ces merveilles que vous avez admiré,
& au lieu de vous témoigner de la complaiſance
pour l'eſtime que vous faites de ſa vertu, il ſe
plongera devant vos yeux, dans la terre, & dans
le fumier des troupeaux qu'il gardoit autres fois
à la campagne pluſtoſt par pratique d'humilité,
que par la neceſſité de ſa fortune. Ah ! grand
homme, que tant de peuples peuvent nommer
Abrech, comme vn autre Ioſeph ; qui avez plus
fait que de ſoulager la famine de l'Egypte, qui
avez garanty de l'extremité de la faim, la Lorraine, la Champagne, la Picardie, les frontieres
du Luxembourg ; tant de pauvres refugiez des
Iſles de la grande Bretagne, de l'Eſcoſſe & de
l'Irlande ; tant de perſonnes dans la neceſſité qui
ont ſouffert l'exil, & la perte de leurs biens pour
la Foy ; eſt-ce ainſi qu'apres tant de ſaintes actions,
au lieu de la loüange vous cherchez le mépris ?

C

Autrefois en entrant dans Paris, il cacha ſon
ſurnom ; par la crainte qu'il eut , que ce nom de
Pavl , ne le fit prendre pour quelque perſonne
noble : & ſe perſuada qu'eſtant ſimplement nommé Monſieur Vincent , comme qui diroit ,
Monſieur Pierre ou Monſieur Iean , il paſſeroit
pour vn homme inconnu. Quel plus innocent
artifice de ſon humilité ? Nous voyons bien que
Cæſar , Xenophon, Caton, Sylla , Brutus, ont couché leurs belles actions par écrit ; mais de cacher
ſon nom parce qu'il eſt trop beau , c'eſt l'effet
d'vne modeſtie dont les exemples ſont rares.
Nous voyons bien par la diſpoſition du Droit en
la Novelle 13. que l'Empereur Iuſtinien voulut,
que le Prefet du Guet, que les Grecs appelloient
d'vn nom trop obſcur & trop ſombre νυκτεπάρχος,
changeât de nom , & que par ſon ordre il
fut depuis nommé le Preteur du peuple.
Mais vous , Vincent de Pavl, pourquoy changer de nom, ou pourquoy cacher dans
le ſilence, la moitié de voſtre nom ? vous pouviez ſans doute porter ces deux noms differens,
l'vn de tenebres, & l'autre de lumieres ; l'vn ſombre, & l'autre éclatant ; l'vn du jour, & l'autre de la
nuit, puiſque vous veillez ſur les deſordres de la nuit
pour empeſcher les œuvres de tenebres ; & que
vous eſtiez en meſme temps dans la pratique des
œuvres de lumiere, puis que vous eſtiez plus vtile
au public, que le Préteur du peuple, par les charitables ſecours que vous avez procuré à tant de

peuples affligez, & dans les bourgades de la campagne, & dans les plus grandes villes du Royau-
me; *vt non sit qui se abscondat à calore ejus.*   *Psal. 18.*

Ne vous imaginez pas, Messieurs, que ce soit
vne trop foible pensée, de chercher l'origine des
grandes actions, dans la signification des noms
illustres de ceux qui les ont faites : Socrate chez
Platon, veut que les peres prennent vn soin par-
ticulier de donner de beaux noms à leurs enfans,
afin de les engager par là, à la pratique des vertus; afin de les rendre plus considerables dans l'e-
stime des peuples; & afin que par des noms agreables, ils puissent avoir vn accez plus libre chez les
Princes, desquels ils esperent la faveur & les graces : Et ne semble-t'il pas que le Poëte avoit donné
dans l'étude des Loix, quand il a dit, *conueniunt
rebus nomina sæpè suis*, puisque la Iurisprudence
nous enseigne parlant des noms propres, que *de-*   *§. 3. instit.*
bent esse convenientia rebus.   Et saint Thomas le   *de donatio.*
maistre de l'Escole sacrée, n'enseigne-t'il pas 3.
quest. 37. art. 2. que les noms sont imposez par
la consideration des proprietez de la chose nom-
mée. Ie laisse quantité d'exemples de cette verité
qui se rencontrent dans l'Escriture: Abram & A-
braham, pere des Nations & pere des Croyans :
Ioseph, qui nous marque dans son nom, les progrez de sa fortune, & ceux de sa vertu : Le Sauveur de nos ames a mesme voulu prendre le nom
de IESVS, qui signifie Sauveur : *Ipse enim salvum*   *Matt. c. 1.*
faciet populum suum à peccatis eorum, pour témoi-

gner le deſſein qu'il avoit de racheter le monde.
Et pourquoy ne dirons-nous pas que par vne ſin-
guliere providence du Ciel, Vincent de Pavl, a
porté ces deux beaux noms de Vincent & de Paul,
pour nous marquer d'vne part ſes genereux combats, & ſes illuſtres victoires dans le nom de Vincent : & d'autre part pour nous faire connoiſtre
dans le nom de Pavl , qu'il devoit eſtre vn parfait imitateur du zele du grand S. Paul. Et neantmoins, Meſſieurs , perſeverant dansvne conſtante
pratique d'humilité , dont il ne s'écarte jamais , il
veut eſtre inconnu , ou bien n'eſtre connu que
pour vn homme de neant.

Quand il parloit de ſes eſtudes , il diſoit qu'il
n'eſtoit qu'vn chetif Quatriéme, bien qu'il fut Ba-
chelier en Theologie ; & lediſoit ſi ſouvent, que
meſme la pluſpart de ceux de ſa Congregation
ont eſté trompez en ce point, & ont crû qu'il n'a-
voit pas paſſéces premieres claſſes de la Grammaire.
C'eſt la ſeule exception que la candeur de cette
ame plus blanche que la neige, plus pure que les
lys , pouvoit ſouffrir dans les loix inviolables de ſa
ſincerité ; mais quoy ! il faut que dans l'innocente
querelle des plus belles vertus , l'humilité l'empor-
te ; bien que ſous ſes voiles ordinaires, elle tienne
ſecretes ſes plus belles victoires. Vn grand Religieux Ieſuite (comme les ſerviteurs de Dieu ſe re-
cherchent , & ſe lient d'amitié) vn jour dans l'extremité d'vne grande maladie , dont on n'atten-
doit que la mort , l'eſtant allé viſiter , luy de-

manda , quel eſt Monſieur la penſée qui occupe maintenant voſtre eſprit ? Ce ſaint humble ſerviteur de Dieu répondit ſur le champ ; *In ſpiritu humilitatis, & in animo contrito ſuſcipiamur à te Domine.* Vous euſſiez dit que cette grande ame, ſi dégagée de la corruption du peché , ne meritoit que {des ſupplices.

En effet, Meſſieurs, il faut qu'vne ame aneantie , qui ne cherche dans tous les moments de ſa vie , que la gloire de Dieu , ſe creuſe le dernier des abiſmes , pour établir le fond de ſon humilité. Quel eſt, Meſſieurs , ce dernier abyſme au deſſous de la terre ? C'eſt l'enfer, le triſte & l'eternel ſejour des ennemis de Dieu ; *Dura ſicut infernus æmulatio.*

Ce ſaint homme , tout remply de l'eſprit de Dieu, qui pour ainſi dire , met en meſme temps dans la creature l'eſprit du neant ; témoin les expreſſions admirables de la grande ſainte Tereſe : O grand Tout ! parlant de la grandeur infinie de l'eſſence de Dieu : O grand neant ! parlant de la petiteſſe infinie de la creature oppoſée à la grandeur de Dieu. Ce grand homme , diſ-je, pour témoigner l'eſtime qu'il faiſoit de ſoy-meſme, il s'eſtimoit, Meſſieurs, oſerois-je le dire, il s'eſtimoit pire qu'vn diable : il exhortoit Meſſieurs de ſa Congregation , à ſe regarder comme des creatures plus mépriſables que les damnez, & à ſe mettre au deſſous des diables ; parce que, diſoit-il , ils n'ont peché qu'vne fois , & nous , helas! combien d'offenses & combien de pechez? Les diables n'ont pas eu les exemples du Fils de Dieu pour s'humilier, comme nous les avons: ils n'ont pas eu le temps de faire penitence, ce que Dieu nous donne; de combien de momens pouvons-nous profiter, pour essuyer nos fautes? Et si les demons avoient encore la liberté & la grace que nous avons d'honorer & de servir l'adorable Majesté de nôtre Dieu; O qu'ils s'en acquitteroient bien d'vne autre maniere que nous ne faisons pas! De quoy pouvons nous nous glorifier? Quoy! de nostre naissance? Helas! ils sont d'vne plus noble extraction que nous? Quoy! de nostre science? hé! le moindre des diables en a plus que tous les hommes ensemble: toutes les Bibliotheques & toutes les Vniversitez du monde, n'ont rien de comparable aux lumieres de ces esprits perdus: Quoy donc! sera-ce du costé de nos bonnes œuvres, que nous voudrons tirer sujet de vanité? O mon Dieu! qui est-ce qui en peut faire aucune par soy-mesme? Vous seul, ô mon Dieu, estes l'Autheur de tout bien; & si l'homme s'en veut attribuer l'honneur, il le dérobe, Messieurs, il le dérobe à Dieu, & sert comme de valet au diable, ennemy de son Createur, pour dérober la gloire qui n'appartient *Isay. 42.8.* qu'à luy. *Gloriam meam alteri non dabo.*

    Messieurs, ce n'est plus moy qui parle, c'est l'esprit de VINCENT DE PAVL qui anime vos bons cœurs, & qui part en mesme temps du plus haut des Cieux par les mouvemens de fa charité; & du plus creux des abyfmes par les pratiques de fon humilité. C'eft quelque chofe de bien étonnant, Meflieurs, qu'vne humilité fi prodigieufe; mais de partager en mefme temps fon cœur entre les brafiers de l'enfer par l'étude de fon humilité, & les brafiers innocens dont les Seraphins brûlent dans le Ciel, par les ardeurs de fon zele & de fa charité, c'eft le genie miraculeux de la grace abondante, & de la fidelité du courage invincible du grand VINCENT DE PAVL, qui fait aujourd'huy l'étonnement de vos efprits; & qui fera à l'advenir l'admiration de tous les fiecles dans l'Eglife de Dieu. Et c'eft icy où il faut abreger, en attendant que l'Hiftoire de fa Vie en dife davantage, & qu'il faut paffer du recit de quelques pratiques de fon humilité, à celuy de quelques effets de fon amour & de fa charité : & ce fera la feconde & la derniere Partie du difcours.

Il faut donc dire avec liberté, oüy Meffieurs, VINCENT DE PAVL nous donne lieu de vous dire, que le zele du grand faint Paul, femble avoir efté l'objet de l'imitation de VINCENT DE PAVL. C'eft ce digne Superieur General de la Miffion, qui a efté le veritable imitateur du grand Apoftre, & qui a peû dire avec luy; *Quis nos feparabit à charitate Chrifti? Certus fum enim quia neque mors, neque vita, &c. O animam furentem infania,* dit faint Iean Chryfoftome, *fed*

I I.
PARTIE.

Sa Charité

ad Rom. 8.

quæ fobrietatem pariat! VINCENT DE PAVL, ie
vous en dis de mefme : Ne doit-il pas dire avec
l'Apoftre , *Quis infirmatur , & ego non infirmor?*
Fut-il jamais vne feule occafion de fecourir les
affligez, qu'il ne l'ait embraffée tendrement? Mais
que dis-ie , qu'il n'ait couru au devant avec vne
chaleur extréme? On peut dire de luy, fans exa-
gerer la matiere, ce que faint Hierofme difoit de
Fabiole ; *Morbos in tanta miferorum oblectamenta
commutavit , vt multi fani languentibus inviderent.*
Ie ne vous parle point de trois ou quatre hofpi-
taux qu'il a fait établir dans Paris ; ny de ceux
qu'il a étably dans les Provinces ; ce difcours
feroit infiny.

Ie le regarde feulement dans les galeres
en deux manieres ; premierement , lors tque
faifant voyage fur mer, il fut pris par des Pi-
rates , & mis à la chaîne avec plufieurs autres
perfonnes qui eftoient avec luy dans ce mefme
vaiffeau: on les mene à Tunis , & on joint ce
jeune efclave avec d'autres , lefquels pour eftre
compagnons de fa peine , ne l'eftoient pas de
fa vertu : parmy tant de captifs, ils fe trouverent
quelques perfonnes affez libres , pour admirer
la modeftie, la douceur, la patience, & mille autres qualitez tres-aimables , en la perfonne de
VINCENT DE PAVL: Si les vns accufent le fort
d"vn traitement fi rigoureux qu'eft celuy qu'ils
endurent, VINCENT DE PAVL ne reconnoift
point d'autre deftinée que la conduite de la divine

vine Providence , à laquelle il se soumet avec amour : Les vns se plaignent & soupirent parmy tant de souffrances ; & luy tout au contraire y trouve ses delices, puisque c'est vn Dieu qui l'ordonne. On en voit qui par des cris & des sanglots témoignent l'amertume de la douleur qui leur saisit le cœur, cependant que VINCENT DE PAVL chante les Cantiques de Sion, au milieu de cette Babylone. La femme de son Patron preste l'oreille, lors qu'il chante les Pseaumes de David ; son cœur en est touché ; elle s'adresse à son mary, & au lieu de luy porter la contagion du peché , comme fit nostre premiere Mere au premier des humains & au premier des coupables, elle luy porta des paroles de vie bien plus heureusement , en sorte qu'au lieu de flater son crime, elle luy reproche la honte de son apostasie, & en mesme temps luy met devant les yeux l'exemple de la constance & de la pieté de cét aimable captif. C'en est fait, voicy l'ouvrage des prieres & de la charité de VINCENT DE PAVL; il ménagea si bien l'affaire avec son Patron, & quelques autres de sa suite, qu'il les rendit capables d'aborder Avignon , où ils renoncerent à l'Alcoran, & se rangerent dans le sein de l'Eglise : Voila l'vne des premieres conquestes de VINCENT DE PAVL, voila des preludes de ces grands butins qu'il devoit faire vn jour dans les Millions, dans lesquelles il a depuis retiré tant d'ames du naufrage & de l'esclavage, pour les gagner à Dieu.

D

Secondement, je le confidere qui regarde les
fouffrances des forçats dans les Galeres de Mar-
feille, & qui ne peut envifager leurs miferes, ny
beaucoup moins en faire le recit à ces Dames
charitables qui les ont fecouru, qu'il ne fut tout
baigné de fes larmes: Il les expofoit à vos yeux,
Mes-Dames, tous couverts de vermine & tous
mangez des vers: & pour lors il femble qu'il pouvoit dire avec Iob, *Putredini dixi, Pater meus, &*
Soror mea vermibus : Il fembloit vouloir careffer
ces pauvres qui n'eftoient qu'vne maffe de pourriture & de vers, comme fi la pourriture & les
vers euffent efté fes freres & fes fœurs. Le voyez-
vous ce cœur debonnaire, dans le milieu de fes
exhortations toutes ferventes ; au milieu de fes
entretiens fpirituels, & de fes conferences toutes embrazées du feu de fa charité, qui eft con-
traint de s'interrompre foy-mefme ? Eftoit-ce la
violence de fon amour, ou la tendreffe de fa com-
paffion, qui fembloit luy vouloir impofer le fi-
lence, & qui le rendoit plus eloquent, lors qu'il
eftoit muet ? O divine mifericorde du chafte cœur
de IESVS-CHRIST mon Sauveur, qui avez al-
lumé tant de flammes dans celuy de VINCENT
DE PAVL, expliquez-nous c s myfteres. La parole tarit dans fa bouche, preffé qu'il eft de douleur & d'amour, fur le fpectacle de la mifere de
ce cher prochain, qui luy eft bien plus cher que
la vie ; & en mefme temps on voit naitre vne
fource de larmes qui coule de fes yeux:

Interdum lachrymæ pondera vocis habent.

Ses yeux s'expliquent eloquemment au defaut de sa voix ; & en mesme temps , Mes-Dames, vous demeurez d'accord qu'vn seul de ses soûpirs vaut dix pistoles aux pauvres : vous ouvrez vos bourses avec largesse ; ses larmes font naistre les vostres ; vous joignez les sentimens de vos bons cœurs à la compassion du sien : & puis, que devez-vous attendre , Messieurs, d'vn mélange si innocent & si divin, de tant de feux , & de tant de larmes?

Ie laisse à part ce que nostre grande Reyne, Mere de nostre grand Roy , a fait en ces occasions , la part qu'elle a au merite de ses grandes aumosnes ; Sa modestie en ce rencontre m'impose le silence. Mais je dois dire , qu'vne seule personne de la Maison de Monsieur V i n c e n t à fait cinquante - trois voyages dans la Lorraine, & y a porté prés de quinze cens mille livres, sans jamais estre volé : qu'il a passé au milieu des gens de guerre , sans rien perdre, tout seul chargé de vingt mille francs à chaque voyage ; & souvent portant de plus grandes sommes , n'ayant point d'autre escorte que les prieres & la charité de celuy qui l'envoye.

Ie ne voüs dis point la quantité d'estoffes & d'habits qu'il a fait passer dans la Lorraine, pour secourir tant d'honnestes filles , pour revestir tant de bonnes Religieuses , lesquelles apres avoir souffert vne pauvreté extréme, se trouvoient en-

fin parées de la robe nuptiale, puis qu'elles por-
toient la livrée de la charité, qui eſt l'épouſe des
ames ſaintes, & la Reyne de toutes les vertus.
Faut-il vous cacher, Meſſieurs, qu'vn des ſujets de
ce grand Miſſionnaire, a porté plus de huict mille
paires d'habits dans vne autre province ? Qu'vn
autre a fait paſſer par ſes meſmes ſoins dans vne
autre frontiere, plus de cinq cent millivres pour
en faire part à tous les miſerables ? Non, non,
Meſſieurs, il n'eſt plus temps de tenir ces hiſtoires ſecretes ; au contraire vous le devez ſçavoir,
Que Monſieur VINCENT a fourny des hommes & de l'argent pour nettoyer les fumiers, les
cloaques, les voiries des chevaux morts qui cau-
ſoient vne infection mortelle dans la ville d'E-
ſtampes ;   Qu'il en a fait de meſme apres la bataille de Retel, en procuranr la ſepulture à dou-
ze ou quinze cent corps morts, qui faiſoient vne
puanteur inſupportable, & commençoient à cau-
ſer vne mortalité generale, qui eut achevé la ruïne entiere de ces triſtes contrées.

Mais, Meſſieurs, la charité de ce digne Inſtituteur & Premier General de la Miſſion, a bien
d'autres characteres d'vne charité conſommée,
comme eſtoit celle du grand ſaint Paul, dont il
porte le nom.   Il ne ſeroit jamais ſatisfait de ſon
zele, s'il ne ſe dépoüilloit ſoy-meſme, pour eſtre
prodigue envers les affligez : S'il ne pouvoit dire
avec ſaint Paul, lors qu'il écrivoit à ceux de Co-
2. Cor. 6.   rinthe: *Os noſtrum patet ad vos, ô Corinthij, cor*

noſtrum dilatatum, &c. ou bien avec le meſme A-
poſtre au chapitre 12. *Nec enim decent filij parenti-*
bus theſaurizare, ſed parentes filijs : Ego autem liben-
tiſſime impendam & ſuperimpendar.

Vous avez ſçeu, Meſſieurs, que ces grands
débordemens des rivieres, qui ſembloient faire
vn deluge aux portes de Paris, & dans la ville &
dans la campagne, avoient reduit des villages en-
tiers à la faim; mais vous n'avez pas ſçeu ce qu'on
vous a caché juſqu'à preſent avec tant de ſoin.
Oüy, Meſſieurs, il faut vous le dire : Monſieur
V i n c e n t fit ouvrir les greniers de ſa Maiſon
de ſaint Lazare, où il n'avoit de bled qu'autant
qu'il eſtoit neceſſaire pour la ſubſiſtance de ſa famille aſſez nombreuſe ; il fit faire des pains en
quantité, dont il fit remplir des charetes, que
l'on déchargeoit en ſuite dans des bateaux, & puis
avec vne échelle, on portoit le pain dans les fe-
neſtres des étages d'enhaut, ou ces pauvres refugiez, preſſez en meſme temps des eaües & de la
faim, attendoient le dernier naufrage dans leurs
propres maiſons : Il expoſa la vie de ſes bons
domeſtiques, qui pluſieurs fois ſe trouverent en
danger d'eſtre noyez, en voulant ſauver les autres.

Ie ne vous ay pas dit que dans la ville de Toul
ces bons Miſſionaires, animez de l'eſprit de leur
General, ſouffrirent beaucoup dans la neceſſité
publique, & neantmoins ils ne voulurent jamais
prendre part aux aumoſnes qu'eux-mémes & leurs

freres diftribuoient aux autres. Ne devoient-ils pas, Meffieurs, y prendre tout au moins vne double part? *Dignus eft operarius mercede fua*: *L'ouvrier n'eft-il pas digne de recompenfe?* Celuy qui fert à l'Autel ne doit-il pas pretendre fa fubfiftance du miniftere de l'Autel?

Oüy, Meffieurs, fans doute cette conduite eft innocente, ces loix font legitimes: mais les mouvemens violens de l'ardente charité de VINCENT DE PAVL, ont bien d'autres maximes: *Ego autem libentiffimè impendam & fuperimpendar*, difoit l'incomparable S. Paul; & vous dit encore aujourd'huy l'incomparable VINCENT DE PAVL: Vous avez fceu les mouvemens de Paris; & moy, qui eftois dans mon Dioceze, ie n'ay pas fceu pour lors, & ne l'ay fceu que depuis peu de jours, que Monfieur VINCENT donna ordre que l'on diftribuaft le bled de S. Lazare, avec tant de profufion, qu'en ce rencontre il parût pluftoft vn prodigue, qu'vn pere de famille. Et quoy! VINCENT DE PAVL voftre Famille eft fi nombreufe, vous l'avez endebtée par tant de precedentes aumônes, ajuftez voftre prudence à voftre charité, voyez ce que vos greniers peuvent fournir; il n'importe, Meffieurs, fa charité eft mieux fournie que tous ces magazins. Il fit fi bien, que durant l'efpace de trois mois, on nourriffoit tous les jours, avec quatre vingts dix grands pains de braffée, deux mille pauvres, & quelquefois jufqu'à trois mille & trois mille cinq cens par jour , à la porte de saint Lazare. *Disperfit, dedit pauperibus,* Pfal. 111. *iuftitia ejus manet in faculum faculi.* Et ce qui eft admirable, c'eft que la paix fe fit, lors que le bled manqua.

Adorable Providence de mon Dieu! qui tenez dans vos mains l'abondance & la fterilité; qui partagez voftre conduite entre les châtimens de voftre juftice & les faveurs de vos mifericordes ; qui conduifez aux portes de la mort, & qui retirez du tombeau; ne femble-t-il pas que vous vouliez renouveller les miracles du grand Prophete Helie , pour honorer la vertu du grand VINCENT DE PAVL ? Vne vefve charitable a nourri le Prophete avec vn peu d'huile & vn peu de farine , & pour recompenfe d'vne liberalité qui paroît fi legere , elle merite qu'-Helie luy prononce ces agreables paroles & de la part de Dieu : *Hæc autem dicit Dominus Deus Ifraël : Hydria farinæ non deficiet , nec lecythus olei minuetur , vfque ad diem in qua Dominus daturus eft pluviam fuper faciem terræ.* Ne vous femble-t-il pas , Meflieurs, qu'on en peut dire de mé-me au charitable VINCENT DE PAVL ? Allez hardiment charitable Pere des pauvres, ouvrez vos greniers , foulagez dans voftre maifon de Saint Lazare deux & trois mille cinq cens affamez, & les nourriffez tous les jours durant l'efpace de plufieurs mois; *Hydria farinæ non deficiet , nec lecythus olei minuetur ,* vos maga-

3. Reg. 17.

Ibid.

zins ne fe vuideront point , que lors que par le merite de vos prieres, de vos aumônes, & de vos penitences , vous aurez fait ceſſer les troubles de Paris, vous aurez attiré l'abondance ſur cette grande Ville , & la benediction du Ciel ſur toute voſtre famille.

N'eſtoient-ce pas, Meſſieurs, de tres-heureux preſages de ſes profuſions, lors qu'eſtant jeune garçon, allant au moulin pour y porter du bled, qu'il prenoit dans le grenier de ſon pere, il en diſtribuoit la farine aux pauvres , avant que de r'entrer dans la maiſon de ſon pere ? O l'aimable prodigue ! ſi vn pere, au langage de ſaint Chryſologue, a trouvé dans ſon ſein, vn ſolliciteur domeſtique, pour ménager le pardon d'vn fils qui s'eſt perdu dans la débauche ; que dirons-nous d'vn ſaint prodigue, qui ayant vécu ſur la terre prez d'vn ſiecle , comme dans vne terre étrangere, eſt enfin retourné dans le Ciel, comme nous l'eſperons , dans l'aimable ſejour de la celeſte patrie , pour y eſtre honnoré des careſſes du grand Pere de famille ? *Citò proferte ſtolam primam.* Sans doute qu'il pouvoit dire avec Iob , dés ſa premiere jeuneſſe, *Ab infantia crevit mecum miſericordia.* Vous euſſiez dit, examinant les mouvemens de ſa conduite , & les ſentimens de ſon cœur, que Dieu ne l'avoit creé que pour eſtre pauvre, & pour ſervir les pauvres ; Nous ſommes aux pauvres, diſoit-il, les pauvres ſont à nous : vn chaſſeur ſuit ſon gibier

par

par tout ; en quelque lieu du monde que nous
ſçachions des miſerables , il faut les ſecourir,
deut-il nous en coûter la vie.

Voila , Meſſieurs , l'image d'vn cœur charitable au ſouverain degré de la parfaite charité
du prochain ; vn imitateur du cœur de Dieu,
pour ainſi dire , qui embraſſe tout & ne refuſe
rien ; *Eſtote miſericordes ,ſicut & pater veſter cæle-*
ſtis miſericors eſt. Dites-luy qu'il mettra ſes freres
à l'aumône, s'il n'eſtablit quelque regle d'œco-
nomie, & s'il ne conſidere les domeſtiques de
ſa famille par preference aux étrangers : Non,
non, Meſſieurs, ces menaces ſont inutiles pour
arreſter le cours de ſes profuſions : Ce qui pourroit donner de la crainte à vn moindre courage;
c'eſt ce qui fait l'objet de ſes eſperances , & la
matiere de ſes delices. *Ayons ſoin,* diſoit-il, *des*
affaires de Dieu, & Dieu, ſans doute, aura bien
ſoin des noſtres. Qu'importe , diſoit-il, que nous
ſoyons des gueux , pourveu que nous ſoyons aſſez
heureux pour ſoulager les pauvres ?

Vn ſoir, on luy vient dire , qu'il n'y avoit
pas dequoy fournir le refectoire pour le dîner
du lendemain ; *Ah, mon frere,* répondit-il, *l'heu-*
reuſe nouvelle ! puis qu'elle nous donne ſujet
d'établir noſtre confiance vniquement en Dieu.
Iacta cogitatum tuum in Domino, & ipſe te enutriet. Pſ. 54. 23.
Sa confiance ne fut point vaine , le ſoir meſme
on luy apporta vne ſomme notable en aumône.
Repreſentez-vous vn homme qui a vne grande

E

Communauté fur les bras , qui donne d'extraordinaire gratuitement la nourriture fpirituelle & temporelle, à vingt & trente perfonnes par jour, lefquelles durant le cours de l'année, tantoft les vns, tantoft les autres rempliffent fa maifon, pour y faire les Exercices fpirituels , les Retraites , & les Confeffions generales : I'ay veu environ cent ou fix vingt jeunes hommes dix jours durant , lors qu'en eftant prié par feu Monfieur VINCENT , je faifois les Entretiens fpirituels à ceux qui fe preparoient pour recevoir les Ordres ; & au bout de dix jours, apres que toutes ces perfonnes avoient efté entretenuës aux frais & aux dépens de la Maifon de faint Lazare, fans aucune fondation, pour ce charitable employ, Monfieur VINCENT & ces bons Meffieurs de faint Lazare, remercioient Meffieurs les Ordinands comme s'ils en euffent receu des trefors : vous euffiez dit que de toutes parts on venoit fondre dans le cœur de ce charitable Pere , *Valer.* pour en tirer du fecours : On pouvoit dire de luy
max. lib. à plus jufte titre , ce que Valere le grand difoit
c.8. de Gillias ; *que fa maifon fembloit eftre la boutique de la munificence : il fembloit n'eftre pas vn mortel ; mais le fein bening & bien faifant de la mefme fortune.*

Charité   Quelle charité plus defintereffée ? *Non*
defintereffée. *quærit quæ fua funt :* Iamais ne faire vn pas ,
1. Cor. 13. ny dire vne parole pour acquerir du bien. Iamais
✝. 5. n'avoir la penfée de procurer le moindre benefi-

ce à pas vn des ſiens, ayant neanmoins des occaſions ſi favorables dans les mains. *Ie n'irois pas iuſqu'au ruiſſeau* (diſoit-il vn jour) *en eſtant à quatre pas , pour procurer du bien pour nous :* Endebter ſa maiſon juſques dans l'excez, pour ne jamais refuſer de pratiquer vne bonne œuvre, ſi toſt qu'il voyoit la moindre ouverture , pour en ménager l'occaſion. *Qui poſt aurum non abijt nec ſperavit in pecuniæ theſauris* ; *Quis eſt hic & laudabimus eum*? Ah ! combien d'hiſtoires agreables aurois-je à vous dire, ſi j'en avois le temps, des charitables ſecours qu'il a donné à des creatures toutes perduës d'vlceres & de pourriture qu'il mettoit dans ce petit caroſſe (qu'il appelloit ſon infamie, par vn étrange terme de ſon humilité) pour les conduire au port du ſalut ? *Hi in curribus & hi in equis , nos autem in nomine Dei noſtri invocabimus.*   *Pſal. 19. ℣. 8.*

Vne charité conſommée qui n'a point de limites ; ſon cœur eſt comme vne vaſte mer : *Omnia flumina intrant in mare , & mare non redundat.*   *Eccl. 1, ℣. 9.* Tout y entre, & tout y eſt receu ; tout y eſt noyé dans le deluge de ſes bien-faits : En tout temps, en tous lieux : Toute ſorte de perſonnes : Le Barbare & le Scythe, le Iuif & l'infidelle ; le juſte & le pecheur.

I'ay bien connu des Serviteurs de Dieu ; mais jamais je n'ay rien veu de pareil à cés deux grands Serviteurs de Dieu , feu Monſieur l'Abbé Ollier, & feu Monſieur VINCENT, que l'emi-

nence de leurs vertus avoit parfaitement vnis,
par les liens sacrez d'vne sainte & parfaite amitié:
C'est qu'estant surchargez d'affaires, & toutes affaires importantes à la gloire de Dieu; si-tost
que l'on demandoit leurs secours, vous eussiez
dit que toutes les affaires cessoient, & qu'ils n'avoient plus rien à faire, sinon de consoler vostre
cœur affligé. Avez-vous quelque peine extraordinaire ou d'esprit ou de corps ? addressez-vous
à Monsieur Vincent ou à M. l'Abbé Ollier; &
je diray de l'vn & de l'autre ce que saint Anselme
& Theophylacte disoient de saint Paul : *Patitur
suas & simul aliorum infirmitates tolerat & solatur :
tolerat infirmitates singulorum, & simul de communi salute & de toto orbe solicitus est.* Il souffre ses
peines, & en mesme temps il a soin de soulager
celles de tout le monde.

    Combien de fois a t-on dit en sortant de leur
Luc 24.33 conversation ; *Nonne cor nostrum ardens erat in
nobis dum loqueretur in via?* Combien de fois a-t-on dit, en adorant l'infinie bonté de nostre Dieu?
O que le cœur de Dieu est bon ! ô que le cœur
de Dieu est aimable ; puis qu'il a formé de si
bons courages, puis qu'il a logé de si bons cœurs
dans la poictrine des hommes ! L'vn estoit le fils
spirituel, & l'autre estoit le pere.

    Monsieur VINCENT avoit esté comme le
premier Directeur de Monsieur l'Abbé Ollier;
& Monsieur l'Abbé Ollier l'appelloit son pere.
Apres cette premiere conduite, le Pere de Con-

dran , General des Peres de l'Oratoire fut auſſi
Directeur de ce jeune Abbé : il falloit ſans doute deux grands maiſtres de la vie ſpirituelle, pour
former ce grand ſujet , & le rendre capable des
plus hautes maximes de la perfection ; puiſque la
Providence de Dieu s'en vouloit ſervir pour établir ce beau Seminaire de ſaint Sulpice, & pour
le rendre luy-meſme tel qu'il a paru depuis dans
la ſuite du temps , vn Pere & vn Maiſtre de
tant de vertueux Eccleſiaſtiques, qui maintenant
à l'heure que je parle , travaillent dedans nos
Diocezes avec abondance de graces & de benedictions ; & l'on peut dire que Monſieur Vincent a eſté en quelque façon le premier, qui a
jetté les precieuſes ſemences de ces riches moiſ-
ſons : ſans parler des Seminaires des Bons-Enfans,
proche la porte Saint Victor , de Saint Charles
proche de S. Lazare, pour les jeunes gens, du Seminaire d'Anneſſy en Savoye, pour l'examen des
Ordinands, & de tant d'autres établiſſemens ; les
vns plus petits , les autres plus grands ; les vns
pour la jeuneſſe , les autres pour les perſonnes
plus avancées dans l'aage. Et tout cela par les
mouvemens de ſon zele & de ſa charité.

Charité qui n'avoit point de bornes : Com-
me il eſtoit prodigue de ſes bienfaits , il eſtoit
inſatiable à ſouffrir les injures , & à rendre le
bien pour le mal. Vn iour, en preſence de feu
Madame la Marquiſe de Maignelet, de tres-ſainte
memoire, il exhortoit vne jeune Damoiſelle à

E iij

changer de vie : Cette creature emportée ne voü-
lant point fléchir ſous ſes ſaintes remonſtrances,
au lieu de rendre graces à la charité de ſon bien-
faiteur, elle luy jetta vn ſiege à la teſte : Monſieur
V i n c e n t receut cet outrage avec vn agreable
ſoûrys, en continuant ſon diſcours ſans changer
de viſage ny de langage.

Vne autrefois, vne perſonne de qualité, qui
crût qu'il avoit reſiſté à la pretention qu'il avoit
d'avoir vn benefice, luy chanta des injures atro-
ces, qu'il receut avec vne douceur extréme. La
Reyne Mere en fut avertie, & voulut faire ſor-
tir de la Cour, celuy qui en avoit ſi mal vſé.
Monſieur V i n c e n t ſe met à genoux devant
Sa Majeſté pour obtenir ſa grace. Vn jour, qu'à
cauſe de la grande incommodité de ſes jambes,
il eſtoit monté ſur ce méchant cheval qui avoit
vingt-quatre ans ; vn homme qui avoit beu, le
voyant paſſer dans la ruë, luy dit toûtes les injures que la chaleur du vin, & la fureur d'vn eſprit égaré luy peurent fournir : Monſieur V i n-
c e n t met pied à terre, ſe donne le tort à ſoy-
meſme en preſence de cét homme emporté, &
luy demande pardon avec tant de civilité, que
cét homme le lendemain au matin vient trouver Monſieur V i n c e n t, reconnoit ſa faute,
fait la Retraite dans la Maiſon & aux dépens
de Monſieur V i n c e n t, fait vne bonne
Confeſſion, change de vie, & d'vn homme dif-
ſolu, devient vn penitent, vn homme converty.

S'il avoit tant d'amour pour tous ses ennemis? Gratitude.
Quelle charité pouvoit-il avoir pour ceux qui
luy rendoient quelque office, ou au moindre des
siens ? Il estoit tout remply de l'esprit & des maximes du Fils de Dieu, & pouvoit dire en quelque façon, comme le Sauveur de nos ames, *Matt.* 25.
Quamdiu fecistis vni ex his fratribus meis minimis, 40.
mihi fecistis.

Le moindre ombrage du plus leger office
qu'il eut receu de vous, vous rendoit maistre
de son cœur, de sa personne, de tout ce qu'il
pouvoit, de tout ce qu'il avoit. On feroit vn juste volume des histoires signalées de sa generosi-
té nompareille, & des ressentimens immortels
qu'il conservoit pour tous ses bien-faicteurs. Iamais, disoit-il, *les personnes fondées n'auront
assez de gratitude pour leurs Fondateurs :* Telle
estoit sa pensée, sa parole, son écrit, & sa pratique. Vn jour il écrivit ces paroles, qui ont esté
extraites d'vne de ses Lettres. *Dieu nous a fait la
grace ces jours passez, d'offrir au Fondateur d'vne de
nos Maisons, le bien qu'il nous a donné ; parce qu'il
me sembloit qu'il en avoit besoin : Il me semble que
s'il l'avoit accepté, que i'en aurois senty vne tres-sen-
sible consolation, & croy qu'en ce cas sa divine bonté se rendroit elle mesme nostre fondatrice, & que
rien ne nous manqueroit : Et quand cela n'arriveroit
pas, quel bon-heur, Monsieur, de s'estre apauvry,
pour accommoder celuy qui nous auroit fait du bien !
Dieu nous a fait la grace d'en vser vne fois*

de la forte; & j'en ay vne confolation toutes les fois que j'y penfe, que ie ne vous fçaurois exprimer.

Charité heroïque. Enfin la Providence de Dieu, qui avoit des grands deffeins fur la perfonne de ce grand homme, vouloit de luy vne charité heroïque, pour en faire vn pafteur des ames. Le Fils de Dieu, voulant confier le foin de fon Eglife à S. Pierre, luy demanda, *Simon Ioannis, diligis me* Ioan.21.15 *plus his?* m'aimez-vous plus que Thomas, que Nathanaël, que Iacques & Iean, & que les deux autres Difciples qui alloient enfemble à la pefche? Vous fçavez la réponfe que fit le Prince des Apoftres; Seigneur, vous fçavez que ie vous aime: & pour lors le Fils de Dieu luy dit, apres plufieurs demandes & plufieurs réponfes; *Pais mes agneaux, & pais mes oüailles.*

Voila Meffieurs le fouverain periode de l'amour, que nous avons pour le Fils de Dieu; c'eft d'aimer fon troupeau, c'eft d'aimer fon Eglife. Pourquoy cela, Meffieurs? parce que c'eft luy qui par excellence, prend la qualité tres-aimable de Pafteur de nos ames. Saint Gregoire Lib.1.Ep, de Nazianze en l'Oraifon 41. le nomme ἀληθινὸς 135. καὶ πρῶτος ποιμήν. *Le veritable & le premier Pa-* Lib.1.pæ-*fteur.* S. Ifidore l'appelle ποιμαρχίκης ἡγεμών, le dag.c.6. *Capitaine de l'art paftoral,* & S. Clement Alexandrin, ποιμὴν ἀρνῶν βασιλικῶν, *le Pafteur des agneaux* 1.Pet.2. *du troupeau Royal*; S. Pierre l'appelle *Paftorem* v.lt. *& Epifcopum animarum, le Pafteur & l'Evefque des ames.* Et au Ch. 5. *Principem paftorum, le*

Prince

Prince des pasteurs ; Et S. Paul aux Hebreux Ch. 13. ℣.20. *Pastorem magnum ovium. Le Grand Pasteur des brebis.* Et le Fils de Dieu parlant de soy-mesme en saint Iean Ch. 10. dit ces paroles. *Ego sum Pastor bonus, Ie suis le bon Pasteur.*

Demandez-vous quel est le charactere de cette qualité de Pasteur des ames? la Charité. suiuant ces paroles de saint Iean Climacus, *Verum Pastorem charitas demonstrat : per charitatem enim Pastor cruxifixus est*, ou bien de saint Basile ; *satis sit scire Pastorem esse bonum, animam suam posuisse pro ovibus : terminus hic sit divinæ cognitionis.* Tract. de officio pastoris in Ps. 37.

C'est icy, Messieurs, où nous devons dire, que la loüange que nous rendons à la memoire de Monsieur VINCENT, est bien solide & bien legitime, puis qu'il s'interesse avec tant de zele, dans tous les besoins de l'Eglise de Dieu: *Cujus laus est in Evangelio per omnes Ecclesias.*

Vous eussiez dit, Messieurs, que rien ne pouvoit exciter la tristesse ou la joye de ce grand cœur, que les avantages ou les disgraces de l'Eglise de Dieu. *De nullo gaudeam, vel doleam, nisi de eo quod ducit ad te, vel abducit à te*, disoit saint Thomas d'Aquin parlant à Dieu tous les jours dans la ferveur de ses prieres : Disons-en de mesme de VINCENT DE PAVL, pour ce qui regarde les interests de l'Eglise de Dieu. *Instantia mea quotidiana, sollicitudo omnium Ecclesiarum*, dit saint Paul ; & tout de mesme VINCENT Cor. 11. ℣. 28.

DE PAVL. *Incurſus meus quotidianus* , dit ſaint
Auguſtin parlant du grand Apoſtre : *Vrgentes
omnium Eccleſiarum curæ*, dit S. Ambroiſe. S. Paul
au milieu de ſes chaiſnes, au milieu des priſons,
envoye ſes Diſciples pour embraſſer le ſoin de
toutes les Egliſes; Creſcent en Galatie , Tite à
Crete en Dalmatie , Tychichus à Epheſe, Marc
& d'autres en differens endroits : VINCENT
DE PAVL envoye des ſujets de ſa famille en
Lorraine , quelques autres dans la Champagne
& dans la Picardie : les vns dans la Barbarie, les
autres dans la Pologne : Il envoya par diverſes
fois pluſieurs de ſes Preſtres en l'Iſle de Madagaſcar, dont il en mourut ſix : il en fit embarquer trois autres ſur vn vaiſſeau , qui fit naufrage au port : quelque temps apres , il en fit
embarquer quatre autres dans vn autre navire,
qui fut pris des Eſpagnols. Qui eſt-ce qui n'auroit perdu le courage apres tant de morts, tant
de mauvais ſuccez , apres tant de naufrages?
Mais luy tout au contraire , a vn zele Apoſtoli-
que, à l'épreuve des contradictions qui pour-
roient rebuter vn plus foible courage.. Il diſoit
que l'Egliſe vniverſelle a eſté établie par la
Mort du Fils de Dieu , confirmée par celle des
Apoſtres, des Papes & des Evéques Martyrs:
Qu'elle s'eſt multipliée & affermie par la perſe-
Tertull.   cution ; & que le ſang des Martyrs a eſté la ſemence des Chrétiens. Il eſtoit aſſeuré d'ailleurs
que ces peuples eſtoient diſpoſez à recevoir les

lumieres de l'Evangile , & qu'vn grand nombre des habitans de ces Isles , avoient déja receu le Baptesme par les travaux d'vn seul de ces Missionaires, que Dieu y avoit conservé , & qui seul estoit resté parmy tant de morts dont nous avons parlé. Pensez-vous, Messieurs , qu'il puisse abandonner ce Prestre qui demande secours? Penseriez-vous qu'il peût abandonner ce peuple qui tend les bras pour recevoir l'instruction , & qui déja ouvre le cœur & les aureilles pour écouter les paroles de vie? Non, non, Messieurs, nous n'avons rien à craindre : O qu'il n'a garde d'abandoner les ames :

Da mihi animas , cætera tolle tibi :   *Genes. 14.* O que son cœur est trop vaste & trop genereux,   *℣, 21.* pour ne pas vaincre tous les obstacles , qui s'opposent à ses desseins Apostolics. Il envoya au commencement de céte année 1660. cinq de ses enfans, en céte Isle éloignée.

Sur quoy, Messieurs , nous remarquons trois choses. La premiere, qu'en matiere de Mission , d'employ, ou d'établissement , soit qu'il fut vtile, soit qu'il fut honorable, il en quittoit la place, la gloire, & tous les avantages, à toute autre personne qu'il eut trouvé dans vn mesme dessein. O que de belles histoires il faut passer sous silence en céte occasion?

La seconde, qu'il n'envoyoit jamais personne dans la Barbarie , ny dans d'autres perils , que ceux-là mesme qu'il y envoyoit ne l'en eussent inſtamment ſollicité.

La troiſiéme qu'il portoit l'eſprit du martyre en toutes ces rencontres ; qu'il entroit en eſprit par ſes vœux & par ſes ſouhaits, dans tous les travaux de ceux qu'il envoyoit ; & eut ſouhaité de pouvoir ſoulager leurs peines, aux dépens de ſon ſang & de ſa vie.

Il me ſemble que nous luy devons appliquer les paroles d'vn Pere de l'Egliſe parlant de ſainte Felicité mere de ſept martyrs, puiſqu'aujourd'huy nous en faiſons la feſte, laquelle ſept fois endura le martyre en la perſonne de ſes enfans, auparavant que de l'endurer en la ſienne. Dirons-nous pas de luy, ce que la ſainte Egliſe dit du glorieux ſaint Martin, *O ſanctiſſima anima ! quam etſi gladius perſecutoris non abſtulit, palmam tamen martyrij non amiſit.*

Il faudroit icy, Meſſieurs, vous dire au moins quelque choſe des grandes qualitez qui compoſent celle d'vn vray Paſteur des ames ; d'vn tres-digne Superieur General des Preſtres de la Miſſion. Mais l'on peut dire que le temps eſt trop court pour vne ſi vaſte matiere. On vous a parlé quoy que trop legerement, de l'amour qu'il avoit pour les ſiens ; mais il faudroit vous entretenir, de la patience, de la vigilance, & de la conſtance qu'il avoit dans ces penibles emplois.

Sa patience admirable, & dans les pratiques de la mortification, & dans le ſupport du prochain.

Vne austerité de vie, au delà de toutes les mesures ordinaires de la plus rigoureuse penitence.

Six vingt coups de discipline tous les matins & davantage : ne pas manquer vn jeûne d'Eglise à l'âge de plus de quatre vingts ans : ne vouloir jamais la moindre delicatesse en sa nourriture, & mesme en ses maladies ; mais au contraire, demander les restes de la table. I'en sçay des histoires admirables, que j'ay veu de mes yeux. Coucher sur vne paillasse, & mesme dans les maladies ; ne pas perdre l'Oraison Mentale dans l'ardeur de la fiévre. Il pouvoit dire en deux manieres bien differentes : *In meditatione mea ex-* *Pf. 38. 4.* *ardescet ignis*, le feu de la fiévre & celuy de sa devotion. Trois heures de suite à genoux tous les matins dans l'Eglise, nonobstant les playes & les douleurs de ses jambes. Paroître dans le Conseil du Roy plus pauvrement & plus chetifvement vestu qu'il n'estoit pas auparavant, nostre grand Cardinal y a pris garde, & l'a fait remarquer à d'autres. *Qui in domibus Regum* *sunt, mollibus vestiuntur.* VINCENT DE PAVL *Matt. 11.* *8.* vostre esprit de penitence & de pauvreté fait icy vne exception qui n'est pas ordinaire. Saint Gregoire de Nice a dit bien à propos, qu'vn Superieur étably en authorité au dessus des autres, doit porter la plus grande charge du fardeau, *Tract. de* μείζονα τῶν ἄλλων ποιεῖν. On n'a garde de repro- *scopo Chri-* cher à ce digne Superieur General de la Mission, *stiani.* ce que disoit saint Leon : *Bestiæ irruunt, & ovium* *Ep. 93. c. 6 fepta non claudunt.* Il prend les clefs à la main, cependant que le Frere Portier prend fa refection. Et fi cét employ vous choque en la perfonne d'vn General, il s'en va laver les écuelles dans les bas offices d'vne cuifine, & vous n'en verrez rien.

Penitence pour autruy.

Mais de faire penitence pour les fautes d'autruy, & mefme pour des perfonnes eftrangeres demander à noftre Seigneur, qui exauça fa prie- re, que pour foulager vn de fes penitens, qui eftoit travaillé d'vne violente tentation, il en fut attaqué luy - mefme durant quelques années. Mais fçachant le peché d'vn autre, dire à vne perfonne de confiance, il faut qu'il en coufte à mon corps, & en faire vne rude penitence; où trouve-t-on des exemples d'vne vertu fi rare? où trouve-t-on des Pafteurs animez de ce zele? Sans doute qu'il pouvoit dire à l'exemple du fou-verain Pafteur de nos ames; *Quæ non rapui tunc*

Pfal. 68. ℣. 5.

exfolvebam. C'eft vn homme Apoftolique, vn imitateur de S. Paul, qui femble vouloir eftre anathéme pour fes freres. *Bonus paftor animam fuam dat pro ovibus fuis.*

Support du pro-chain.

Que dirons-nous du fupport du prochain? vne perfonne le preffe de luy accorder quelque chofe que Monfieur VINCENT luy refufe par principe de confcience: qu'arrive-t-il, Meffieurs? Cét homme importune Monfieur VINCENT par de tres-frequentes & tres-inutiles vifites; Monfieur VINCENT le reçoit avec vn vifage

content , sans jamais se pleindre d'vne impor-
tunité si extréme , qui sembloit estre insuppor-
table à tout autre qu'à luy.

Mais souffrir les noires calomnies sans s'ex-
cuser, & sans vouloir ouvrir la bouche pour se
justifier, *sicut mutus non habens in ore suo redargu-*
tiones. Beaucoup moins vouloir souffrir, qu'on fit
connoistre qui estoit le coulpable ; ô rigoureuse
modestie ! ô necessité du silence! ie respecte vos
Loix , lesquelles neantmoins en cét endroit me
semblent bien cruelles: Passons outre, Messieurs,
sans nous expliquer davantage.

La vigilance d'vn Pasteur , doit estre l'ame
de sa conduite: S. Antiochus homil. III. dit ces
belles paroles ; ὀφείλƐ ϗ πωιμƐυ ὁλος νοƐ ϗ ὀφϑὰλμος
Ɛ͂νƐ. Que le Pasteur doit estre tout esprit &
tout œil. Ah! c'est icy , Messieurs, où nous pouvons dire de nostre General de la Mission ; *Non*
dormitabit neque dormiet qui custodit Israël. Ou bien
avec vn autre Prophete , *Virgam vigilantem ego*
video. Oüy sans doute , il pouvoit dire de soy-
mesme , ce que Iacob disoit , paissant les troupeaux de son beau pere Laban : *Die noctuque æstu*
vrebar & gelu : fugiebatque somnus ab oculis meis. Puis
qu'il est vray , que se levant tous les jours à
quatre heures, & se couchant tous les jours bien
plus tard que les autres, il déroboit à son som-
meil ces precieux momens qu'il donnoit au soin
des ames de son cher troupeau.

Sa force & sa constance meriteroit icy vn

nouveau diſcours. On loüe la vertu, en quelque temps qu'on la trouve. Mais de trouver
vne vertu conſommée, durant l'eſpace preſque
d'vn ſiecle ; durant le cours d'vne vie de quatre
vingt cinq ans ; ſans relâche, ſans interruption ;
avoir encor couché ſur la paillaſſe la veille de ſa
mort. *Oportet ſtantem Imperatorem mori.* Quelle
ame aſſez froide, n'aura pas quelque chaleur d'eſtime pour vn ſi beau ſujet ?

Il faudroit avant que finir ce Diſcours,
vous faire voir avec quelle force de courage
il nourriſſoit les ames de ces trois excellentes
nourritures que ſainct Ambroiſe remarque
dans l'Egliſe de Dieu ; IESVS-CHRIST
méme, les Sacrements, & l'Eſcriture : Quand il
commença les Miſſions, le propre jour de la
Conuerſion de ſaint Paul, par vn tres-bon au-
gure ; ce fut premierement dans les terres de
feu Madame Françoiſe Marguerite de Silly,
épouſe de Monſieur le Comte de Ioigny, Che-
valier des Ordres du Roy, pour lors General des
Galeres de France, & à preſent Preſtre de l'Oratoire. Cette ſainte & vertueuſe Dame, qui avoit
Monſieur VINCENT pour ſon Confeſſeur &
pour ſon Directeur, & qui luy fit promettre de
ne la point abandonner juſqu'à la mort, commença pour lors à ſe rendre la premiere Fondatrice de la Miſſion, & à procurer des Miſſions
dans toutes ſes terres.

O l'agreable ſpectacle ! qui faiſoit naiſtre la
joye

joye des Anges par la Conversion des pecheurs:
vous eussiez veu Monsieur VINCENT dans la
chaire tout animé de zele pour le salut des ames,
qui préchoit avec vne si sainte vehemence de
l'esprit de Dieu, qu'il fondoit en larmes, & tou-
choit tous les cœurs de ceux qui l'escoutoient:
vous eussiez veu vn commun deluge de larmes
du Predicateur & de ses Auditeurs: On vient à
luy de toutes parts; tout le monde l'aborde;
tous les habitans d'vne Parroisse font la Confes-
sion generale; les autres villages imitent cét exemple; les peuples ont recours à la Penitence, aux
Sacremens, à la Parole de Dieu; on ne parle
que de Conversions, on voit par tout des chan-
gemens de vie qui surprennent les plus indiffe-
rens, & qui étonnent les plus opiniastres: Monsieur VINCENT infatigable dans son travail ne
se rend point qu'il n'ait achevé son ouvrage,
qu'il n'ait formé IESVS-CHRIST dans les
cœurs; *Donec formetur Christus in vobis.* Et qu'il
n'ait porté cette benediction dans l'Eglise de
Dieu, d'avoir rendu les Confessions generales
plus frequentes que jamais, dans vn temps où
à peine en connoissoit-on l'vsage: C'est luy-mé-
me qui a retiré les peuples de la profonde ignorance de nos mysteres, qui a donné les metho-
des & les exemples à tant de dignes Ecclesiasti-
ques, & tant de grands Religieux, de donner
les instructions necessaires aux Fidelles. C'est luy
qui a fait ce grand œuvre, que le saint Concile

de Trente appelle, *Opus tam pium, & tam san-ctum, vn œuvre si pieux & si saint*, en établissant des Seminaires, pour former des sujets dans le Clergé, capables de ressentir le poids & la dignité de leur sacré ministere.

Qui pourroit vous exprimer les mouvemens de sa Religion pour l'administration des Sacremens ; & la maniere simple, familiere, mais forte & puissante, pour traiter respectueusement la Parole de Dieu?

Le respect merveilleux qu'il avoit pour les Prestres, voulant que les siens fussent les derniers de tous : la veneration profonde qu'il avoit pour tous les Ordres du Clergé, & pour les Cloîtres, & pour la Hierarchie ; l'estime qu'il faisoit de ces saintes Congregations, de ces Corps si celebres, & de la Compagnie de IESVS, & de l'Oratoire de IESVS : De cecy j'en puis estre témoin. De la liaison qu'il avoit avec tous les grands Serviteurs de Dieu qui ont vécu de son temps ; C'est tout dire en deux mots, que deux grandes lumieres de l'Eglise, Messeigneurs les Cardinaux de la Rochefoucaut & de Berule, tres-signalez par l'eminence de leur pieté, comme par celle de leur pourpre sacrée, avoient vne tres-haute estime pour les rares merites de feu VINCENT DE PAVL. Qui pourroit vous dire la grande part qu'il avoit à toutes les grandes œuvres de son siecle, de la pluf-part desquelles il a jetté les premiers fondemens.

De vous parler du zele qu'il avoit pour maintenir la Pureté de la bonne doctrine, ce n'eſt pas icy le temps de m'engager dans vn ſi vaſte ſujet: on peut dire ſeulement, qu'en cecy ſa conduite ſemble avoir imité celle des Apoſtres : Quelle plus raiſonnable cenſure de toutes les nouveautez, que le reſpect qu'il avoit pour les ſacrez Conciles, & pour les ſaints Canons ? que le grand ſaint Leon appelle excellemment, *Canones ſpiritu Dei conditos , & totius orbis reverentia conſecratos.* Le Concile d'Attigni les appelle *Firmatos ſpiritu Dei Canones.* Les Conciles les nomment, *Divinos Canones.* Petits eſprits, qui vous rendez rebelles aux plus ſaintes Loix ; enfans dénaturez, qui mépriſez voſtre Mere la ſainte Egliſe, apprennez de ſaint Auguſtin, qui le repete apres ſaint Cyprien ; *Que celuy-là n'aura jamais Dieu pour Pere, qui n'a point l'Egliſe pour Mere.* Apprennez de Vincent de Pavl , qui avoit ſolidement étudié en Theologie, & dans Paris , & dans Tholoſe, & dans Rome, que c'eſt faire vne injuſte querelle à cette chaſte Eſpouſe du Fils de Dieu, qui eſt la Mere commune de tous les Chreſtiens, de partager ſon authorité, puis qu'elle eſt également infaillible aujourd'huy, comme au temps des Apoſtres. *Ego vobiſcum ſum vſque ad conſummationem ſæculi.* La parole de noſtre Divin Maiſtre y eſt engagée ; il en eſt l'Eſpoux ; il l'anime de ſon eſprit ; & l'animera toûjours, dans la ſuite de tous les ſiecles.

G ij

Quel respect n'avoit-il pas pour l'authorité de nostre saint Pere ? Dites-nous , VINCENT DE PAVL , que vous n'estes qu'vn chetif Quatriéme ; cachez-nous vos études ; cachez-nous les lumieres de vostre science , & celles de vostre esprit , par vn excez d'humilité qui n'a rien de pareil ; qu'vn Predicateur , qu'vn Missionnaire , qu'vn General d'vne Congregation , à qui les talens de la doctrine & de la parole sont necessaires pour soûtenir ses employs , pour soûtenir vne loüable reputation , qui semble necessaire pour ne pas rendre ses fonctions inutiles , veüille neantmoins passer pour ignorant ? Et moy , Messieurs , je sçay bien qu'en cette matiere , la Sorbonne la plus sçavante & la plus sainte Escole du monde n'en sçait pas davantage.

Fléchir sous les ordres du saint Siege , & reconnoistre dans vne sincere soûmission d'esprit l'authorité toute entiere du Vicaire de IESVS-CHRIST en la personne de celuy qui succede à S. Pierre : Combien de souverains Pontifes s'en sont autrefois expliquez ? Entr'autres , Luce , Marc , Felix , Agathon , Nicolas I. Leon IX. Innocent III. & sur tout le grand saint Leon. Combien de Conciles en ont parlé de mesme ? Tous les Fideles ont reconnu les Successeurs de S. Pierre & les ont honnorez de ces beaux noms de *Maistre de la Foy, Chef de l'Eglise , Pasteur vniversel, Iuge des contreverses , Docteur de tout l'vnivers.* Philippe Legat de saint Celestin , dans le Con-

cile d'Ephese, eft approuvé de tous les Peres de
cette fainte & illuftre Affemblée , quand il dit,
que S. Pierre regle les matieres de la Foy en la
perfonne de fes Succeffeurs, qu'en eux il eft vi-
vant, & il vivra toûjours. Saint Ierofme , l'vn
des plus grands hommes du monde, fe foûmet
aveuglement à la decifion du Pape, pour regler
cette controverfe des premiers fiecles fi obfcure
& fi difficile , touchant les hypofthafes. Saint
Auguftin, apres que le Pape a prononcé fur les
erreurs des Pelagiens ; qu'il a confirmé deux Conciles d'Affrique, qui n'eftoient point œcumeni-
ques, S. Auguftin, dis-je, conclud que la caufe eft
finie, *caufa finita eft.* C'eftoit vne doctrine, Meffieurs, qui charmoit le cœur de Monfieur VIN-
CENT, tant il eftoit foûmis à l'Eglife , à noftre
faint Pere, & aux Nonces du Pape ; & lors qu'il
avoit befoin d'vn confeil plus prompt fur certaines
matieres , il confultoit les plus grands hommes
de la Sorbonne, & fuivoit leur avis. En vn mot,
il fuivoit en tout & par tout les maximes & la
doctrine de l'Evangile , mais expliquée par l'efprit
de l'Eglife , & non pas par celuy de l'ambition
ou de la vanité. Il avoit parfaitement étudié ces
paroles de faint Auguftin : *Ego vero Evangelio*
non crederem, nifi me Ecclefiæ commoveret auctoritas.

Apres cela, Meffieurs, ne faut-il pas conclu-
re ; *Cujus laus eft in Evangelio per omnes Ecclefias.*
Toutes les Eglifes prennent intereft à honorer
la memoire du grand VINCENT DE PAVL;

G iij

parce que l'on peut dire qu'il a honoré toutes les Eglises, & a rendu service à toutes les Eglises: Tous ces grands personnages, Messieurs les Curez de Paris, si celebres par leur doctrine & par leur vertu, n'ont-ils pas témoigné le respect qu'-ils avoient pour la memoire de ce grand homme: les vns ayant fait des Services pour luy dans leurs paroisses ; les autres se disposant à faire quelque chose de mesme ; & tous d'vne commune voix élevant les merites de sa vie, jusques dans le Ciel; *Æqua enim laus est, laudari à laudatis & improbari ab improbis*, disoit Pic de la Mirande. C'est icy l'vn des endroits ou je n'acheve pas. Mais s'il est vray que la voix publique est vne caution bien fidele du merite des plus grands hommes ; qui est celuy d'vn esprit raisonnable, & non preoc-cupé, qui peût trouver la moindre tache dans vn si beau soleil ? Messieurs de saint Germain, dignes sujets de cette Eglise Royalle, vous fai-tes bien paroître voftre vertu par l'estime que vous avez pour la sienne, ayant témoigné de si bonne grace le desir que vous aviez, que voftre Eglise fut choisie, parmy tant d'autres qui s'of-froient pour le mesme dessein, pour servir à l'a-ction qui se fait aujourd'huy.

Mais, Messieurs, pouvons-nous sortir de la Chaire, & vous cacher vne verité si considerable, qu'est celle que je m'en va vous dire ? Le Fils de Dieu qui a aimé son Eglise & sa Mere avec tant d'ardeur, ayant deux Apoftres qui luy étoient

bien chers, S. Pierre & S. Iean, a confié le foin
de fon Eglife à S. Pierre ; & le foin de la plus
fainte perfonne de fon Eglife, à faint Iean ; c'eft
à dire, fa tres-fainte Mere, que les Grecs ont
nommé excellemment πανάγια, toute Sainte.
Nous avons eu de nos jours vn Prelat d'vne eminente fainteté, le grand François de Sales, Evé-
que & Prince de Geneve ; nous efperons fa Ca-
nonization dans peu de temps, fi Dieu benĩt nos
vœux les plus ardents, & nos petits travaux : Il
avoit deux trefors dans les mains qui luy eftoient
bien chers ; fon Eglife & fa Vifitation : non pas
fa Mere, comme le Fils de Dieu ; mais fes bonnes
& fes faintes filles : Il confulte les Autels, il invo-
que le Ciel, il ne cherche que Dieu, dans tous
fes deffeins ; il faut qu'il rencontre deux hommes de grand choix, pour leur confier la conduite de ces deux grands trefors : il met le Dioceze de Geneve dans de tres dignes mains, fans
m'expliquer davantage des qualitez de celuy
qui va remplir la place : & pour choifir vn
Pere Spirituel à ces dignes filles de la Vifitation ; dans Paris, dans la premiere & la
plus belle ville du monde, il arrefte fon choix
vniquement par preference à tout autre, fur la
perfonne de Monfieur VINCENT : c'eft à dire
fur vne excellente copie de ce parfait Original ;
fur vn homme remply de fes maximes, & de
l'efprit de la Vifitation : c'eft à dire de l'efprit
de toutes les vertus, & des plus heroïques ver-

tus ; de l'humilité , de la pureté , du parfait a-
neantiſſement, du parfait mépris de foy-mé-
me ; de l'eſprit d'Oraiſon & de Retraite, de
la vie cachée avec IESVS-CHRIST en Dieu;
de l'vnion pure , ſincere & cordiale avec Dieu,
avec le prochain. Ah ! ma chere Viſitation, de
laquelle ie connois particulierement la Sainteté
& les rares vertus , à laquelle j'ay des obligations immortelles , & au Pere de voſtre ſaint In-
ſtitut , & à voſtre digne Mere de Chantal, & à
tant d'autres excellents ſujets de ce ſaint Ordre;
Adhæreat lingua mea faucibus meis , ſi non memine-
ro tui , ſi non propoſuero Ieruſalem in principio læ-
titiæ meæ : Que ma langue s'attache à mon palais,
ſi ie manque jamais à publier tes loüanges, & nom-
mément dans vn ſi beau ſujet ; puis que le choix
de VINCENT DE PAVL , qui t'a gouverné ſi
ſaintement depuis tant d'années , fait partie de
ta gloire & de tes ornemens. Les Vierges , diſoit ſaint Cyprien , font vne illuſtre portion du
troupeau du Seigneur ; & celles de la Viſitation
ont fait vne notable partie des charitables employs de VINCENT DE PAVL, de ce digne
Paſteur des ames.

Enfin , la Perſeverance qu'vn Pere ſpirituel
doit avoir pour les intereſts de l'Egliſe , nous
oblige de dire de noſtre Superieur General de
la Miſſion ; *Cuius laus eſt in Evangelio per omnes*
Eccleſias. Il embraſſe les intereſts de la ſainte
Egliſe avec tant d'ardeur , qu'apres avoir ſouvent
conſideré

confideré en la prefence de Dieu, que l'efprit de l'Eglife eft vn efprit de paix; que le vray Salomon pacifique, entrant dans le monde pour fonder fon Eglife, fit ceffer toutes les guerres qui avoient fi long temps agité l'Empire Romain, & voulut que les Anges chantaffent vn Cantique de paix, *Pax hominibus bonæ voluntatis.* Il prend vne conftante refolution de s'offrir à noftre Seigneur, comme vne victime publique, pour obtenir la Paix: Il foûpire devant les Autels fur les malheurs que la guerre a caufez dans le monde; Il confidere qu'il eft mal-aifé de prendre les armes, fans faire la guerre aux vertus; Que la guerre donne bien fouvent la victoire au peché, & fait en mefme temps la ruïne de la pieté, & les playes de la Religion; Que les exercices du Chriftianifme font prefque éteints parmy la chaleur des combats; les Sacremens méprifez, les Autels profanez, les Preftres prefque interdits des faintes fonctions de leur facré miniftere: *Filij matris meæ pugnaverunt contra me.* Qui eft-ce qui fera l'office du charitable Samaritain? Qui au moins donnera quelques larmes? Qui appliquera l'huile & le vin fur les bleffeures de la fainte Eglife, plus profondes & plus cruelles, que celles de ce pauvre languiffant fur le chemin de Iericho? Le voicy, Meffieurs, c'eft VINCENT DE PAVL: Il voit par le fuccez des Miffions, qui fe répandent en divers endroits du Royaume, que l'ignorance des peuples, & les pechez des

Luc. 2.14.

Cant.1.5.

H

Chreſtiens augmentent tous les jours ſous la li-
cence des armes : qu'il eſt grand temps d'écarter
le ſoldat de nos Parroiſſes , à moins que de de-
clarer vne nouvelle guerre à l'Evangile & aux
Autels : Il entreprend de traiter de la Paix avec
Dieu ; mais voicy de quelle maniere : Il entreprend vne neuvaine vn peu extraordinaire : Il fait
communier durant le cours de neuf années , deux
ou trois perſonnes tous les jours , chacun à ſon
tour ; vn Preſtre dit la Meſſe , vn Frere communie
à cette Meſſe , qu'on peut nommer la Meſſe de la
Paix ; & le Preſtre & le Frere jeûnent ce méme jour :
On voit vne petite table exprez dedans le Refectoire , qu'on appelle la table des jeûnans : Monſieur VINCENT pour eſtre General d'vne Congregation , ſurchargé d'affaires , d'audiances & de de-
péches , accablé de vieilleſſe , de douleurs , & d'in-
firmitez , ne veut point de diſpenſe ; il ſubit la mê-
me loy : Il fait ſon tour comme les autres ; avec céte
ſeule difference , que ſon tour arrive plus ſouvent
qu'aux autres , & qu'il en fait deux fois plus que
les autres. Enfin au bout de neuf annécs , la paix
generale eſt concluë entre les deux Couronnes :
On propoſe à Monſieur VINCENT de finir
cette pratique , qui ne peut eſtre qu'à grande
charge à vne Communauté trcs-occupée d'ailleurs , qui ſans doute a bien d'autres employs.
Non Meſſieurs & mes Freres , dit-il , *allons iuſques
au bout , perſeverons juſqu'à la fin , attendons que la
Paix ſoit publiée , ne nous rendons jamais.*

De vous dire, Meſſieurs, qu'vn homme ſi humble & ſi aneanti; ſi meſfiant de ſoy-meſme; ſi reglé dans toutes ſes actions; ſi prudent, que l'on peut dire que c'eſtoit la Sageſſe meſme; qui n'entreprenoit rien ſans conſulter la volonté de Dieu, ſe ſoit chargé de cette entrepriſe ſans quelque mouvement extraordinaire de l'eſprit de Dieu: c'eſt à quoy je ne m'engage point; je vous laiſſe la liberté de vos penſées & de vos jugemens.

Mais de vous dire, Meſſieurs, que la loüange de noſtre grand Cardinal ſe trouve en ce rencontre ſolidement établie; vous le voyez avec moy: ny vous, ny moy, ne ſçaurions nous en taire. *Prolixa laudatio eſt quæ non quæritur, ſed tenetur,* dit S. Ambroiſe: c'eſt vne grande loüange en peu de paroles, quand nous en tenons le ſujet dans les mains, & qu'il n'eſt pas beſoin d'vne recherche forcée, ny d'vn ſecours étranger, pour en trouver la matiere. Oüy, Meſſieurs, la Paix generale, qui fait la gloire de noſtre Monarchie, le repos de l'Eſpagne, & la conſolation de toute l'Europe, eſt l'ouvrage des Conſeils, & des Veilles, & des Genereux Travaux de noſtre incomparable Miniſtre; qui aux dépens de ſa ſanté, a voulu faire ceſſer les maladies & les langueurs de tant de miſerables: Qui a noüé cette Paix par le nœud ſacré du plus beau & du plus grand Mariage que l'on pût ſouhaiter dans le monde: Qui a joint par la prudence & par la

H ij

force de ses Conseils; non seulement d'alliance, mais d'amitié; les deux plus grands Roys de la terre, le Roy Tres-Chrestien fils aîné de l'Eglise, & le Roy Catholique: Qui a fortifié cette amitié par vn serment si saintement juré: I'en puis parler, puisque la Providence de Dieu a voulu que j'aye esté l'vn des Evesques qui en ont esté les témoins. Cela sans doute, merite des justes loüanges; puis que ces grandes actions, composent les grands originaux des plus beaux ornemens de l'Histoire: Mais voicy ce qui doit attirer le respect des Couronnes, & la veneration de toutes les Monarchies; C'est d'avoir formé ces glorieux desseins avec des pensées Chrétiennes; car la Politique n'est rien, non, Messieurs, la Politique n'est rien qu'vne abomination devant les yeux de Dieu, quand on s'écarte des sacrez devoirs de la Religion. Ce qui fait donc la veritable loüange de ce grand Prince de l'Eglise, c'est d'avoir reconnu, parlant à vn Prelat de ses plus familiers, long temps auparavant que la Paix fut concluë, que la paix devoit estre l'ouvrage du Ciel, en disant ces paroles, *Quam mundus dare non potest pacem.* C'est de m'avoir répondu au mois de Iuin dernier, le jour que nostre jeune Reyne eut la Couronne sur la teste à S. Iean de Luz, lors que ie disois à S. E. que c'estoit vne illustre journée pour sa gloire, apres tant de fatigues; c'est, dis-je, de m'avoir répondu en ces termes; *Monsieur, ie n'ay rien du tout fait en cecy, c'est Dieu qui a tout fait.* C'est en vn mot, d'avoir joint les Conseils du cabinet, avec la Religion des Autels, & d'avoir secondé les vœux de VINCENT DE PAVL, pour inspirer les Conseils de la Paix à nostre grand Monarque.

Puissiez-vous, grand Prince de l'Eglise, apres de si glorieuses demarches, augmenter de plus en plus le zele que vous devez avoir pour embrasser avec plus d'ardeur que jamais, les plus precieux interests de l'Eglise de Dieu! puissiez-vous rendre la Paix feconde en toute sorte de bonnes œuvres! & puissiez-vous maintenant reparer les bréches que le Christianisme a souffert durant les malheurs de la guerre.

Et vous, VINCENT DE PAVL, qui regnez aujourd'huy dans le Ciel, comme nous le croyons; obtenez à cét incomparable Ministre de l'Estat, & aux personnes sacrées de leurs Majestez, que vous avez si cherement aymez, que vous avez toûjours servy avec tant de fidelité; obtenez à tous ces devots Auditeurs, qui ont tant de respect pour vostre memoire; qui ont écouté avec tant de patience, ce foible recit d'vne partie bien legere de vos admirables vertus; obtenez, dis-je, les secours de la grace qui leur sont necessaires, pour renoncer aux maximes du fiecle, suivant les obligations de nostre faint Baptéme; & pour bien regler leur conduite, & tous les mouvemens de leurs cœurs, par les loix

du Fils de Dieu; afin qu'ils ne soient point fla-
tez ny surpris par la fausse estime des hommes ; mais qu'en vous imitant, leur loüange,
pour le temps & pour l'eternité , soit établie
dans l'Evangile , par toutes les Eglises.

Et pour moy ; puisqu'étant sur la terre vous m'a-
vez aimé , & ma personne & ma famille ; puisque
vous avez tant de fois soulagé mes peines, &
dans mes besoins particuliers , & dans les plus
grandes necessitez publiques de mes emplois,
& de mon Diocese ; puisque vous m'avez obli-
gé par tant de signalez effets de vôtre charité;
faites-moy ressentir aujourd'huy le credit que
vous avez auprés de Dieu ; achevez en moy
ce que vous avez commencé , obtenez-moy
la part que je dois souhaiter, aux plus abon-
dantes benedictions du Ciel, que je vous sou-
haite Messieurs , du meilleur de mon cœur,
autant comme à moy-méme.

Soli Deo honor & gloria.

F I N.

Extrait du Privilege du Roy.

PAR Grace & Privilege du Roy, il eſt per-
mis à Meſſire HENRY DE MAVPAS DV
TOVR, Eveſque & ſeul Seigneur du Puy, Comte de Vellay, Conſeiller ordinaire du Roy en
ſes Conſeils d'Eſtat & Privé, & premier Aumô-
nier de la Reyne Mere, de faire imprimer vn
Livre qu'il a compoſé, intitulé, *Oraiſon Funebre
à la memoire de feu Mre* VINCENT DE PAVL,
*Inſtituteur, Fondateur & Superieur General des Pre-
ſtres de la Miſſion :* Avec inhibitions & deffen-
ſes à toutes perſonnes de quelque qualité & con-
dition qu'ils ſoient, d'imprimer ou faire imprimer ledit Livre ſans le conſentement dudit Seigneur : ſur les peines portées par les Lettres de
Privilege, données à Paris le 4. Ianvier 1661.
Par le Roy en ſon Conſeil, OLIER.

Et ledit Seigneur Eveſque du Puy a cedé le
Privilege cy-deſſus à Gaſpar Meturas, Iacques
& Emmanuël Langlois, pour en jouyr conjoin-
tement, ſuivant l'acte paſſé entr'eux le ſixiéme
jour de Ianvier 1661.